DIAMOND
流通選書

物流担当者のための
世界水準の
ウェアハウジング理論と
マテハンのすべて

エドワード・H・フレーゼル 著
明治大学商学部教授 小川智由 監訳
中野雅司 翻訳
三菱化学エンジニアリング株式会社 LogOS®チーム 監修

ダイヤモンド社

物流担当者のための
世界水準のウェアハウジング理論とマテハンのすべて

All rights reserved.

Japanese translation rights arranged with
Mcgraw-Hill Global Education Holdings, LLC.
Through Japan UNI Agency, Inc., Tokyo

著者序文

エドワード・H・フレーゼル

　私は13歳の時、家族旅行で初めて日本を訪れた。その時、日本人がいかに親切で、正直で、また効率的に動く人たちだろうといたく感心したことを鮮明に覚えている。次に、訪れたのは1988年のことであり、その時は「アメリカ国立科学財団」が主催したロジスティクス研修視察団のリーダーとしてだった。その滞在中、私は早稲田大学の高橋輝男教授（早稲田大学名誉教授、ネオ・ロジスティクス共同研究会創設者）にお会いする機会を得た。彼は非常に親切で、日本のロジスティクスおよびビジネスの世界へのドアを開いてくれたのである。さらにこの時、鈴木準氏にも会う機会があった。鈴木氏は、日本のロジスティクス業界をリードする1人として、彼が学んだ多くの知識と情報を私と共有してくれたのである。

　彼はまた、その後生涯に亘る最良のビジネスパートナーにして友人となる中野雅司氏を引きあわせてくれた。私は、今まで歩いてきた道を振り返る時、神の厚いご加護に感謝する。その後25年以上に亘り、中野氏と一緒に仕事をしてきたが、その間数えきれないほど多くのロジスティクス・プロフェッショナルに対しセミナーやロジスティクス視察研修を実施し、またクライアント企業に対しコンサルティングサービスを提供し、さらに最先端のサプライチェーン・ロジスティクスに関する書籍を出版し、多くの読者にロジスティクスに関する知見を広げてきたのである。

　約10年前に、三菱化学エンジニアリング㈱の河上氏からアプローチを受け、日本においてRightChain®サプライチェーンコンサルティングを共同で提供するチームを立ち上げた。このパートナーシップは、現在LogOS®チームとして活動しており、私のパートナーにして友人である松川氏がチームリーダーとして、多くのクライアント企業に、改善をもたらしている。このチームには、私の他、リーダーの松川氏、竹内氏、長谷川氏、中野氏、鈴木氏、そして通訳の笠原氏が含まれている。彼らは皆、私の日本における家族のような存在であり、その専門知識と親切さは、私が寛容で思慮深く、我慢強く、自制心を持つこと

に寄与してくれている。三菱化学エンジニアリングとは、長年に亘り一緒に仕事をしているが、私に対して極めて協力的である。

　約10年前より、私たちのチームは出版社との関係強化を始め、サプライチェーンに関する書籍をシリーズで出版する計画を開始した。ダイヤモンド・リテイルメディアが私たちの考え方を十分に理解し、日本でサプライチェーンに関する書籍を複数出版する機会を与えてくれたことを非常に光栄に感じている。

　ごく最近、私たちの活動は、ビジネスの世界で優れた業績を残しており、また日本を代表する大学の1つである明治大学との協働に発展している。近く、同校にてLogOS®チームがサプライチェーンマネージメントのカリキュラムの提供を開始することになっている。私は、明治大学との協働が本書の出版に併せて発表できることを非常に誇りに思っている。この機会を与えてくれた明治大学商学部の小川智由教授のご支援に、ここで厚くお礼を申し上げたい。

はじめに

監訳／明治大学商学部教授　小川智由

　英語の physical distribution の訳語として「物的流通」が定着し始めてから50年以上経つ。物的流通の短縮形である「物流」がその後は一般化し、さらに「ロジスティクス」そして「サプライチェーンマネージメント」へとその概念が拡大し、応用されてきているが、本書のタイトルである「ウェアハウジング」の実態やあるべき姿も、その間に大きく様変わりしていると言えよう。
　本書には、物流・ロジスティクス拠点の立案、設計、運用、改善に至るまでの世界水準の理論が体系的に描かれており、ロジスティクスに携わるすべての人たちのための必読書であり、また教科書としても最適である。

　ウェアハウジングを単純に日本語に置き換えると、倉庫での庫内作業となる。延期（ポストポーンメント）の概念がサプライチェーンに浸透するなどの背景から、当初は貯蔵のみが目的だった倉庫施設は、在庫保管と注文対応のための配送センターへ、さらにはクロスドックセンター、ないしはフルフィルメントセンターへと大きく変貌を遂げつつある。元来、専門書の存在自体が限られているこのウェアハウジングの分野で、貴重な存在とも言うべき本書の際立った特長をまとめると次のようになる。

　「ウェアハウジング」そのものが、伝統的作業の入庫、格納、保管、ピッキングならびに梱包、出荷などの基本的な活動にとどまらず、マスカスタマイゼーションのための生産工程の最終仕上げや各種の流通加工も含む形で拡大し、複雑化している。さらにはその保管形態が、ピース単位とケース単位などに大別され、ピッキング単位もフルパレット、パレット1段ごと、ケース、ピースに分かれるなどという、「ウェアハウジング」における実態のさまざまな新しい変化を先取りした解説となっている点が、まず本書の優れた特長の1つである。

　次に、データに基づく定量的かつ体系的なシステム思考によるウェアハウジングの企画立案、手順設定と、その実態に相応しい設備や機器の選定方法などについて、詳細かつ具体的に提示している点が、本書の特長の2番目である。

その基本理念は、設備や機器の選定、ならびに庫内のレイアウトの決定に先立って、現状の業務実態分析であるプロファイリングを最も重視すべきであるという点である。具体的には、プロファイリングに関する10Pの原則とともに、その基準を顧客別のABC分析や納入先別オーダー分析などのオーダープロファイルと商品別ABC分析をはじめとするアイテムプロファイル、また在庫状況を分析する在庫プロファイルに分類し、その具体的手法を詳細に解説している。

　本書の優れた特長の3つ目は、ビジネスの視点からの物流・ロジスティクス専門書であるという点にある。今日のビジネス環境においては、マーケティング戦略に加えて先端的なロジスティクス戦略の展開による、顧客サービス面での競争優位の実現がより一層各企業に求められてきている。さらにはマーケティング、調達、生産、営業ならびに他のスタッフ部門との連携による、ロジスティクスが実現する顧客サービスの提供や顧客価値創造が重要な経営上の鍵となる。そうした傾向は、例えばインターネットの活用によるオムニチャネル化の進展などにより、一層加速されるであろう。従って、本書では、ビジネスにおける競争優位性を確立する観点から各種のウェアハウス評価指標が解説されている。究極的なサービス目標である顧客の視点にはじまり、従業員、株主などの視点から、コスト、生産性、活用率、精度やサイクルタイム指標などの活用により、いかに理想のウェアハウジングを実現するかが本書には明確に示されている。まさに本書に示される世界最高水準の「ウェアハウジング」こそが、これからの時代の新しい物流活動の原点になるとともに、サプライチェーン全体の要となるのは間違いない。

　以上のような、本書の際立った特長の源泉が、原著者であるE・H・フレーゼル博士の理論と実践に裏付けられた鋭い洞察と、これまでの長年の経験の蓄積にあることは明白である。フレーゼル博士は、アメリカのジョージア工科大学でロジスティクス理論研究および教育の第一人者として、またサプライチェーン・ロジスティクス戦略立案に特化したコンサルタントとして、大きな業績を残している。また特筆すべきは、フレーゼル博士が過去30年以上にわたって繰り返し来日して、日本企業の物流・ロジスティクスの現状を熟知しておられるという点である。従って、本書に示される最先端の世界水準の理論とノウハウは、日本企業にこそふさわしいものであると言えよう。できるだけ多くの方々が本書を読み、是非とも世界水準の物流・ロジスティクスを日本企業から実現させて頂きたい。

はじめに

　さらには、本書の翻訳にあたった三菱化学エンジニアリング株式会社、ならびに㈱FMU／LRIジャパンのメンバーが、過去30年近くにわたってフレーゼル博士とは、いわば家族のように一体になって物流・ロジスティクス研究、戦略立案ならびに実践指導に携わってきたという点を強調しておきたい。フレーゼル博士が日本企業の実態を熟知していると同様に、本書の翻訳メンバーであるLogOS®チームもまた原著者フレーゼル博士を熟知しているのである。彼らは、同博士が提唱するRightChain®の理論や原理をもとに、これまでに数多くのクライアント企業に対し、ロジスティクスの教育からはじまり、戦略立案や再編などのコンサルティング、またロジスティクス・センターの建設やシステム導入に至るまで、数多くの実績をあげてきている。同チームの最大の特長は、クライアント企業の社員教育を重視するという点にある。今後、読者の皆さんが経営戦略上の競争優位と経営力強化をめざして、顧客満足と従業員満足を両立させつつ、適切で効果的な物流投資をするにあたっては、このLogOS®チームが強力な援軍となるであろう。

　本書を、物流・ロジスティクス戦略立案と、拠点施設の計画、設計、運用、改善のための手引書として、あるいは物流・ロジスティクスの研修テキストとして是非活用して頂きたい。そしてさらには、物流・ロジスティクス以外の担当部署の方々にも読んで頂きたい。また本書は、大学などの授業テキストとしても活用することをお薦めしたい。

　私事で恐縮ではあるが、大学教員になって数年後の1986年に、在外研究者としてアメリカのペンシルベニア州立大学経営学部ビジネス・ロジスティクス学科と、ミシガン州立大学経営学部マテリアルズ＆ロジスティクス・マネージメント学科に期間を分けて滞在したことがある。軍事用語としてのロジスティクス概念がビジネスの世界でも経営戦略論の枠組みの中で取り上げられ始めた時期である。当時すでに、アメリカでは多くの大学の経営学部などにロジスティクス学科、マーケティング・交通学科などが存在し、滞在先の大学に加えて、オハイオ州立大学やテネシー大学、そして本書の原著者フレーゼル博士が長く奉職したジョージア工科大学などで行われたビジネス・ロジスティクス研究会にも繰り返し参加したものである。昨年、明治大学で行われた学部・大学院学生向けのフレーゼル博士のロジスティクス講演会での、非常に親しみやすい語り口、ロジスティクスを専門とすることへの誇り、さらには長年の研究活動と実務指導からの洞察が、強く印象に残っている。

本書に示された世界水準のウェアハウジングをベースにした、物流・ロジスティクス戦略が企業経営の牽引役となることを、そして日本の各大学でも、かつて自分が在外研究で体験したアメリカの大学のように、熱気あふれるロジスティクス研究・教育環境が現在以上に整い、そこから育つ学生たちが日本の物流・ロジスティクスの発展を牽引するようになることを切に願う。

[目次] *CONTENTS*

著者序文 *003*

はじめに *005*

第1章 サプライチェーンにおけるウェアハウスの付加価値 *015*

1. なぜウェアハウスを持つのか？ *016*
サプライチェーンの中のウェアハウジング *016*
顧客サービス *017*
在庫管理 *018*
サプライ（調達） *020*
輸配送 *021*
そしてウェアハウジング *022*

2. ウェアハウジングの歴史 *023*
3. ウェアハウジングの基礎 *025*
4. 本書をどう読むべきか *029*

第2章 庫内データ分析の10原則とプロファイリングの体系 *031*

1. 頭文字Pで表すプロファイリングの10原則 *032*
プロファイリングの準備（❶Preparation） *032*
プロファイリングのパワー（❷Power） *033*
プロファイリングへの参加（❸Participation） *033*
プロファイリングへの誠実さ（❹Probity） *033*
プロファイリングの目的（❺Purpose） *033*
プロファイリングにおける法則とその中心（❻Principle & ❼Principal） *034*
プロファイリングの絵（❽Pictures） *035*
プロファイリングの視点（❾Perspectives） *035*
プロファイリングの落とし穴（❿Pitfalls） *036*

2. ウェアハウス・アクティビティプロファイリング *036*
オーダープロファイル *038*
　(1) 顧客オーダープロファイル *038*
　　a. 顧客パレートプロファイル *038*
　　b. 構成要素別プロファイル *040*
　　c. 出荷オーダープロファイル *046*
　　d. 時系列プロファイル *050*
アイテムプロファイル *052*
　(1) アイテムアクティビティプロファイル *052*
　　a. 出荷頻度プロファイル *052*
　　b. 出荷容積プロファイル *054*
　　c. 出荷頻度−容積プロファイル *054*
　　d. オーダー完結プロファイル *056*

9

　　　　　　e．需要相関プロファイル　058
　　　　　　f．需要変動プロファイル　059
　　　　(2) 在庫プロファイル　060
　　　　　　a．アイテムカテゴリー在庫プロファイル　060
　　　　　　b．在庫荷姿プロファイル　061
3．サマリー　062
　　投資プロファイル　064

第3章　パフォーマンス管理の7原則とKPIの体系　065

1．パフォーマンス管理の7原則　066
サーバント・リーダーシップ　066
ウェアハウスの各活動を包括する　067
RYG　067
良い傾向か悪い傾向か　067
深掘りする　067
業務を完璧に実施する　068
総合評価する　068

2．労働力関連の指標：働きがいのある職場　069
安全性　069
クロスファンクション　069
作業員とスーパーバイザーの比率　069
従業員定着率　070

3．顧客関連の指標　071
精度　071
　(1) インバウンド精度　071
　(2) アウトバウンド精度　072
ダメージ　072
オンタイム　073
サイクルタイム　074

4．株主関連の指標　075
ウェアハウスコストパフォーマンス　075
ウェアハウス生産性パフォーマンス　078
ウェアハウスリソース活用率　078

5．ウェアハウスパフォーマンスギャップ分析　080

6．プラクティスがもたらす世界トップクラスのパフォーマンス　082

第4章　入荷フローの最適化と入荷＆格納のベストプラクティス　085

1．入荷フロー最適化　086

2．直送　088

3．クロスドッキング　090
アムウェイ流クロスドッキング　090
マニュアルクロスドッキング　091
クロスドッキングのシナリオ　091

4．ピッキングロケーションへの直接格納 *092*
5．入荷スケジューリング *093*
6．プレ・レシービング *094*
7．ドック割り付け最適化 *094*
8．自動化された荷降ろし *095*
9．配送品質コンプライアンス *096*
10．自動入荷検品 *096*
11．プレ・パッケージング *097*
12．入荷品の容積測定および重量測定 *098*
13．WMS が指示する格納 *098*
14．バッチ化され、仕分けされ、シークエンス化された格納 *099*
15．優先順位化された格納 *100*
16．格納ロケーションの確認 *100*
17．自動化された格納 *100*
18．インターリービングおよび継続的な移動 *100*

第5章　パレット保管およびハンドリングシステムの全体像 *103*

1．パレット保管システム *105*
パレットスタッキング（積み上げ）*105*
（1）平置き *105*
（2）ネスティングラック（pallet stacking frame）*108*
固定棚 *108*
（1）シングルディープのパレットラック *109*
（2）ダブルディープのパレットラック *109*
（3）ドライブイン / ドライブスルーラック *111*
（4）カンチレバーラック *112*
可動棚 *112*
（1）パレットフローラック *112*
（2）プッシュバックラック *113*
（3）移動ラック *114*
パレット保管システムの比較 *114*

2．パレットハンドリングシステム *116*
伝統的なフォークリフト *116*
（1）ウォーキーフォークリフト *117*
（2）カウンターバランスフォークリフト *117*
狭い通路用フォークリフト *118*
（1）ストラドルフォークリフト *118*
（2）ストラドルリーチフォークリフト *119*
（3）サイドフォークリフト *120*
非常に狭い通路用フォークリフト *121*
（1）ターレットフォークリフト *121*
無人搬送車 *122*
（1）自動倉庫 *122*
（2）無人フォークリフト *124*

パレットハンドリングシステムの比較 *125*

3. パレット保管およびハンドリングシステムの選定 *125*

第6章 ケースピッキングシステムの全体像 ……… *127*

1. ピックツーオーダー / パレット システム *129*

ピッカーツーストック（PTS）システム *129*

(1) ピッカーダウンシステム *129*
 a. 電動ローリフトピッキング（Pallet Jack Picking） *129*
 b. パレットけん引車ピッキング（Pallet Trains Picking） *130*
 c. フォークリフトピッキング（Forklift Picking） *131*

(2) ピッカーアップシステム *132*
 a. ピッキングフォーク（Order Picker Trucks） *132*
 b. ターレットフォークリフトピッキング（Turret Forklift Picking） *133*

ストックツーピッカー（STP）システム *134*

(1) 自動倉庫 *134*

2. ゾーンピックツーコンベヤシステム *134*

ケース仕分けシステム *136*

(1) マニュアル仕分け *136*
(2) ダイバーターソーター *137*
(3) ポップアップソーター *137*
(4) シューソーター *138*
(5) チルトソーター *138*
(6) クロスベルトソーター *139*

ケース仕分けシステムの比較と投資正当化 *140*

ケースパレタイジングシステム *141*

(1) マニュアルパレタイジング *141*
(2) 機械式パレタイジング *142*
(3) ロボット式パレタイジング *142*

3. 自動ケースピッキングシステム *143*

4. レイヤーピッキングシステム *143*

第7章 ピースピッキングシステムの全体像 ……… *145*

1. ピッカーツーストック（PTS）システム *146*

PTS保管システム *147*

(1) 固定棚 *147*
(2) モジュラー型保管用引き出し付きキャビネット *148*
(3) 傾斜式ケースフローラック *150*

PTS取り出しシステム *151*

(1) カートピッキング *151*
(2) トートピッキング *152*
(3) 作業員搭乗型ピッキング *152*
(4) ロボット式ピッキング *154*

2. ストックツーピッカー（STP）システム *155*

カルーセル *155*

(1) 水平カルーセル *155*
(2) ロータリーラックカルーセル *157*
(3) 垂直カルーセル *157*

ミニロード自動倉庫 *158*
ガイド式無人搬送棚 *160*

3. 自動ピースピッキングシステム *160*

4. ピースピッキングシステムの比較と選定 *162*

第8章 オーダーピッキングの最適化 ... *165*

1. 最小化、簡素化、集約化せよ *167*
ケース入数の最適化 *168*
ピック作業の簡素化 *168*
行動要素の集約化 *168*
(1) アイテムの搬送および取り出し *168*
(2) 移動とペーパーワーク *168*
(3) ピッキングと仕分け *169*
(4) ピッキング、仕分け、梱包 *169*

2. ピッキング手法の体系 *170*
ピックロケーションからのピッキング *171*
(1) 自由歩行ピッキング *173*
a. シングルオーダーピッキング *173*
b. バッチピッキング *174*
(2) ゾーンピッキング *174*
a. リレー式ピッキング *174*
b. 下流仕分け *175*
保管ロケーションからのピッキング *177*

3. スロッティング最適化 *180*
スロッティングデータベースにデータを入力する *181*
スロッティング統計を計算する *182*
アイテムを環境カテゴリーに割り付ける *184*
アイテムをオーダー完結ゾーンに割り付ける *185*
アイテムを保管モードに割り付ける *185*
アイテムをピッキング密度によりランキングする *186*
各保管モード内のロケーションをピッキングゾーンにマッピング *186*
マッピング結果に従ってスロッティングする *187*
再スロッティング統計数値を構築する *187*
再スロッティングプログラムの構築および導入 *188*
ライフウェイ クリスチャン リソーシズの事例 *188*

4. ピック シークエンシング *190*

第9章 庫内レイアウト最適化の7ステップ ... *191*

1. スペース要件計画 *192*
保管要件計画 *192*
占有率 vs. 生産性／安全性 *192*

2. 隣接性最適化 *195*

3. 物の流れを計画する *197*
U字型フロー *197*

13

　　　　　直線スルー型フロー　*198*
　　　　　モジュラー大動脈型フロー　*200*
　　　　　多層階レイアウト　*200*
　　4．**高層空間 vs. 低層空間**　*201*
　　5．**マテハン設備**　*201*
　　　　産業車輌　*201*
　　　　コンベヤシステム　*202*
　　6．**スペース効率**　*203*
　　7．**拡張 / 縮小計画**　*206*

第10章　ウェアハウスコミュニケーションシステムの全体像　*207*

　　1．**自動認識技術**　*209*
　　　　OCR　*209*
　　　　バーコード　*210*
　　　　　(1) バーコードシンボル　*210*
　　　　　(2) バーコードリーダー　*212*
　　　　電子タグ　*214*
　　　　磁気ストライプカード　*216*
　　2．**自動コミュニケーションテクノロジー**　*217*
　　　　無線データコミュニケーション　*217*
　　　　デジタル表示器　*218*
　　　　音声システム　*219*
　　　　ビジョンシステム　*220*
　　　　仮想ヘッドマウントディスプレイ　*222*
　　3．**システム選定および正当化**　*222*

おわりに　*224*

用語解説　*226*

Chapter 1 第　章

RightHouse™
サプライチェーンにおける
ウェアハウスの付加価値

1 なぜウェアハウスを持つのか？

私は1995年に本書の初版を執筆した。ビジネスからウェアハウジングを排除することを目的としたJITの考え方が広がりを見せている時代に、なぜウェアハウジングの本を書くのかと、多くの人が私に質問した。JITは今日"リーン"と呼ばれるようになっている。

その疑問は当然で、私はウェアハウジングについてセミナーを行う時には、参加者に同じ質問をするくらいである。

「なぜ私たちは、自分の時間とエネルギーを使って、サプライチェーンの専門家や"リーン"に関する書籍が排除することを勧めているものについて学ばなければならないのか？」

この質問をより良く表現するとしたら、「どのような方法でウェアハウジングはビジネスおよびサプライチェーンにおいて付加価値を生み出すことができるか？」と言い換えることができる。もし私たちが、この質問に対して適切な答えを出すことができないのであれば、本書を書き、読むことは時間の浪費である。

すでにお気付きのようにウェアハウジングは、今日のビジネスとサプライチェーン戦略の中で重要な役割を担い、付加価値を生み出しているのである。

サプライチェーンの中のウェアハウジング

私は1990年代半ばに、RightChain® サプライチェーン・ロジスティクスモデル（図1.1）を開発した。このモデルは、サプライチェーン戦略を構成する5つの要素について次に示す順序で定義するものである。すなわち、顧客サービス、在庫管理、サプライ（調達）、輸配送、ウェアハウジングの5つである。これらに目を通してみると、ウェアハウジングが提供する付加価値が明確に見えてくるはずである。

図1.1 RightChain® サプライチェーン・ロジスティクスモデル

顧客サービス

ウェアハウジングがビジネスおよびサプライチェーンの中で付加価値を生む非常に重要な領域のひとつは顧客サービスである。そして、その主な要素は高レベルのフィルレート（充足率）の維持、レスポンスタイムの短縮化、付加価値サービスの提供、返品対応、カスタマイゼーション（個別対応）、コンソリデーション（集約化）などである。

フィルレートとは、顧客の需要をオンハンド（手持ち）在庫で充足できる割合のことである。多くの場合、"顧客への高いフィルレート"を提供するためには安全在庫に対する大きな投資が要求される。そうした安全在庫はどこかに保管する必要があり、一般的にそれはウェアハウスということになる。

顧客に近接し、かつ庫内サイクルタイムが短いウェアハウスは、顧客に対する"レスポンスタイムの短縮"に貢献する。我々のクライアントの1つに、主要なサービスパーツを当日配送する企業がある。同社は小規模でオーダーサイクルタイムの短いウェアハウスの全国ネットワークを構築することで、これを達成している。またコンビニエンスストア企業のクライアントは、ウェアハウス/DCの数および規模を拡大し、14,000店舗への配送頻度を増やすことにより、商品の鮮度を上げることに努めている。

マスカスタマイゼーションという動きに続き、1つ1つのオーダーが何らかの形で"カスタマイゼーション"を要求するというトレンドが、急拡大している。カスタムラベル、特殊包装、モノグラム、キッティング、色づけ、値付けなどの付加価値サービス要件に適切に対応する能力は、現在そして将来も継続してサプライチェーン競争力の差異化要因となるはずである。ウェアハウスとは、こうした付加価値サービスを実行するための労働力および設備を備えた場である。さらに、敢えてカスタマイズされていない在庫を持ち、カスタマイゼーションを"延期"することにより、サプライチェーン全体の在庫レベルを引き下げることも可能になる。つまり、"延期"の原則に従うと、ウェアハウスとは顧客に最も近い物理的な施設として、製品のカスタマイズ、キッティング、組み立て、カントリファイ（その国固有のニーズに沿ってカスタマイズ）するための、合理的な場所であるということができる。"延期"の原則とは、ロジスティクスネットワークを通して、製品のカスタマイゼーションを限りなく遅らせることにより、全体の在庫投資を最小化することである。例えば、HBC（美と健康用品企業）のあるクライアントは、生産したシャンプーをラベルのついていないボトルに詰めたまま保管している。特定の国からのオーダーが確定す

ると、その国が要求するラベルが、ピッキングおよび出荷ラインを通して貼付される。消費財のクライアントの1つは、大量の完成品を保管しているが、顧客の要求に応じて個別のキッティングやディスプレイ（大量陳列）の形で梱包、出荷する。

ロジスティクスへの期待として、最も基本的な顧客サービスの1つ、そしてしばしば当たり前のこととして認識されているのが"コンソリデーション（集約化）"である。例えば、通販企業にシャツとパンツを注文した場合、シャツが届いてから、別の日にパンツが届くことは望まないだろう。これらのアイテムは通常、同じ時間に同じパッケージで届くことが期待されており、従ってこれらの商品は同じウェアハウスの屋根の下に保管しておく必要があるのだ。

"返品対応"は、適切なウェアハウス作業を通して達成されるもう1つの顧客サービスである。返品対応が顧客にとってより利便性が高く、そして安価であるほど、売上および顧客満足度も高くなると言える。ウェアハウスおよびDCは、通常顧客に近い労働力が確保できるところに立地し、さらに、返品処理に適したマテハン設備を備えていることが多い。

世界の多くの地域において、ウェアハウスという"市場における物理的存在"が、直接的な顧客サービスとは見なされないものの、企業の社会的信用の向上につながっているのだ。

在庫管理

ウェアハウスで在庫を保管することにより、生産における規模の経済性が達成され、季節性の高い品目を在庫として蓄積することにより、工場稼働率が最適化され、緊急または災害用在庫を保管することでサプライチェーンやビジネスのリスクが分散される。ウェアハウジングは、そのような役割を通してビジネスおよびサプライチェーンに対する価値を創造している。

生産ラインのセットアップや段取り替え（ライン変更）のためのコストと時間を短縮するために、様々な努力がされているにもかかわらず、高コストで時間のかかるセットアップは常に存在する。こうした状況で、生産ラインの稼働時間を短くし、セットアップ回数を増やすことは経済的にばかげているかもしれない。しかし、生産ラインを長時間稼働することが経済的かというと、結果的に過剰なロットサイズ在庫（サイクル在庫）を保管しなければならなくなるかもしれない。それを保管するのに最も効果的なのはウェアハウスである。例えば、ある大手食品/飲料メーカーは、最適なロットサイズの50%以下で生産していたが、結果として過剰な段取り替えと生産コストが発生していた。この

サプライチェーンにおけるウェアハウスの付加価値　[第1章]

問題を修正し、ウェアハウジングにおけるROIを改善するためには、さらに15万平方フィートの倉庫スペースが必要となった（図1.2）。

図1.2　ノースカロライナ州ラレー近くの大手食品／飲料メーカーのDC（大きなロットサイズで生産するためにウェアハウジングスペースを拡大している）

　多くの企業が、需要のピークと谷間を持っている。カード会社のホールマークは、その極端な事例である。グリーティングカードの需要の大部分は、クリスマスおよびバレンタインデーの時期に発生する。もし生産能力をピーク時期に合わせて設定したとしたら、1年のうち75%はその生産能力を大きく下回ってしまい、非常に大きなコスト増となる。生産の平準化を図り、サプライチェーンコストを最適化するために、ホールマークは1年間を通じて平準化された生産レベルを維持し、ピーク時期に備えて在庫を蓄積していった。結果として1年の大半を通じて、大きな保管スペースの確保が必要となった。この"季節性の高い在庫"は、大型季節商品ウェアハウスに保管されている。

　食品メーカーのシュワンズを代表する製品の1つが、冷凍パイである。この企業は世界最大の冷凍パイのメーカーであり、製品のほとんどが感謝祭からクリスマスにかけて消費される。ホールマークと同様、サプライチェーンコストを最適化するため、同社は年間を通して生産を平準化し、併せて1月から9月まで、季節性の高い製品在庫を蓄積するために3PLの冷凍倉庫を活用した。

　緊急および災害用の在庫は、伝統的な安全在庫によってはまかなうことのできない、不測の事態への対応を保証するためのものである。そうした状況とし

ては、自然災害、労働者のストライキ、その他通常とは異なるサプライチェーンの混乱といったものが挙げられる。例えば、通信および電気、ガス、水道などのユーティリティ分野のクライアント企業に対しては常に、緊急および災害用在庫を計画し、ハリケーン、洪水、吹雪等においても公共サービスの維持に努めるよう指導している。

サプライ（調達）

クライアントの1つに、世界最大のチョコレートキャンディーのメーカーがある。もちろん、主要な原材料はカカオと砂糖である。これらの原材料コストに加え、生産コストもまた製品の合計ランデッドコスト（製造原価、在庫維持コスト、貿易に関わる輸出入コスト、輸配送コストおよびウェアハウジングコストの合計）の構成要素として認識しておく必要がある。砂糖とカカオを調達する最適な時期を決定するために、この企業は世界でも最先端の気象予報システムと、砂糖およびカカオの先物価格予測システムを導入し、同社が判断する最適な価格になった時点で、船満載分の砂糖とカカオを仕入れる。このようにして調達した砂糖とカカオは、どこかに保管しなければならず、その"どこか"というのがウェアハウスである。

合計ランデッドコストを構成する要素で、原材料の次に大きいのは、生産コストである。このコストを抑えるためには、生産ラインを長時間稼働させる必要がある。利益率が高く、在庫維持レートが低く、陳腐化リスクが小さく、賞味期限が長い場合には、生産ラインを長時間稼働させることで最適化される。こうした生産ラインの長時間稼働は、大きな在庫バッチを創り出し、それらはどこかに保管されなければならない。その"どこか"とは、ウェアハウスである。

ウェアハウジングが調達において付加価値を創造する方法が2つある。それは、売り手企業のディスカウント時、そして主要な原材料や部品のライフサイクルの終了時期という特別な調達機会である。

企業が原材料コストを削減するためのもう1つの方法としては、海外から原価の安いものを調達することである。その場合、ウェアハウスの入出荷量は、それまで以上に大きなものとなるだろう。ウェアハウスは、こうした海外からの入荷から出荷までのプロセスを効率的に行うことで、サプライチェーンにおいて極めて大きな価値を生み出す。その1つの事例が、世界最大の靴の小売業であり、グローバル輸入業者でもあるペイレスシューズである。この企業は、扱う靴の大部分を中国から調達し、ロングビーチ港に荷揚げし、アメリカへ輸

入する。到着した製品は、53フィートのコンテナに積み替えて、トラックでカリフォルニア州レッドランドにある西海岸のDCに運ぶか、またはオハイオ州シンシナティの近くにある同社のDCに送り、東海岸のロジスティクスネットワークに投入する。

所有権の移転を延期する施設内のベンダーマネージド・インベントリー（VMI）も、ウェアハウジングがビジネスおよびサプライチェーンの中で付加価値を生み出すための、もう1つの方法である。図1.3は、鉱山事業を展開するクライアント企業での、メンテナンスパーツのVMIウェアハウスの様子である。このウェアハウスは、世界最大の銅鉱山の1つの大規模なメンテナンス拠点の近くに立地している。

図1.3 リオティント社のVMIウェアハウスは、ソルトレークシティの郊外にあるケネコット銅鉱山のメンテナンスオペレーションを支援している（ソルトレークシティ、ユタ州、アメリカ）

輸配送

少量多頻度で出荷することにより、サプライチェーン内の在庫を減らすことができるが、小さな出荷貨物を大きな出荷貨物に集約するコンソリデーションポイントとしてウェアハウスを機能させることにより、輸配送における規模の経済性を提供することができる。異なる種類の貨物を組み合わせて、トラックロード未満からフルトラック、コンテナ未満からフルコンテナ、また40フィートコンテナから53フィートコンテナへと変換することなどが挙げられる（図1.4）。

図1.4 サバンナ港近くに立地するペップ・ボーイズ社の東海岸コンソリデーションポイント

しばしば見落としがちな輸配送経費が、関税である。保税倉庫においては、製品が保税倉庫から引き渡されるまで、貨物受取人は関税の支払いを遅らせることができる。自由貿易地域に立地している保税倉庫では、関税を支払うことなしにこの地域内で輸送途中の製品を移動することができる。

そしてウェアハウジング

5つ目の、そして最後のRightChain®サプライチェーン戦略の構成要素は、ウェアハウジングに関連する戦略的決定である。これは、私の好きなテーマであるが、サプライチェーン戦略構築においては、最後に決定すべきロジスティクス活動となる。その第1の理由は、RightChain®モデルにおける最初の4つの要素が、ウェアハウジングの必要性を排除、最小化、または適正なニーズを決定することを可能にするからである。これに反して、サプライチェーンの調整、統合、計画の欠如は、ウェアハウジングをして伝統的な役割以上の付加価値を生み出すことを困難にする。第2の理由として、ウェアハウスはサッカーで例えるとゴールキーパーのようなものである。好むと好まざるとにかかわらず、それは最後の防波堤であり、またそのように計画されなければならない。第3に、ウェアハウスを適正に計画・運営するためには、サプライチェーン戦略における顧客サービス、在庫管理、サプライ、輸配送を定義することが必要条件となるためである。最後の理由は、3PL企業がウェアハウスを運営することも考慮しなければならないからである。

以上、解説してきたように、eコマース、SCM、ECR、クイックレスポンス、リーン、シックスシグマ、ジャストインタイム配送などの施策が次々に登場しているにもかかわらず、ウェアハウジングを完全に排除してしまうと、生産と

最終消費者を結びつけるサプライチェーンは、うまく調整できないのだ。実際、グローバルソーシングによってサプライチェーン自体が伸びていること、気候変動、セキュリティ事故の発生件数およびその規模が拡大していることによるサプライチェーン途絶の可能性が、ウェアハウジングのニーズを拡大し、ビジネスおよびサプライチェーンにおけるウェアハウジングの付加価値を増大させている。上記のようなサプライチェーン施策が定着するにつれ、ウェアハウスオペレーションの役割とミッションも変化し、また継続して変化し続けるのである。

2 ウェアハウジングの歴史

　ウェアハウジングは、1950年代から60年代にかけての単に物を保管することを主な機能とする単純な活動から、それ以降大きな進化を遂げている。1970年代から80年代にかけてのJITの導入に呼応して、オーダーサイズが縮小し、在庫量が減少した。その一方でより高頻度な発注と、オーダーピッキングに対するニーズ拡大による活動が、在庫圧縮により空いたウェアハウススペースの大部分を占めるようになった。ウェアハウスはディストリビューションセンター（DC）に生まれ変わり、そこで働く人たちにとって日本でいう3K的な仕事から、よりキャリア形成が可能な仕事に変化していった。1990年代の顧客起点による設計、3PL、延期、マスカスタマイゼーション、SCM、グローバルロジスティクスの導入は、ウェアハウスに様々なクロスドッキング機能と付加価値サービス活動をもたらした。結果としてDCからロジスティクスセンター（LC）が生まれ、カスタマイズされたラベルと梱包、キッティング、海外向け出荷準備、特定顧客に特化したプロセス、クロスドッキングと伝統的な保管およびオーダーピッキングを併せ持つ施設が生まれている。その結果、LCにおける生産、輸配送、ウェアハウジング活動の区別が曖昧になり、かつエラーの許容範囲は、限りなくゼロに近付いている（図1.5）。

　こうした変化は全て、ウェアハウスマネージャーに大きなプレッシャーを与えることとなる。eコマース、SCM、グローバリゼーション、クイックレスポンス、JITの影響により、今日のウェアハウスにおいては、以下のようなことを達成することが求められている。

図1.5 ウェアハウジングの変遷の歴史

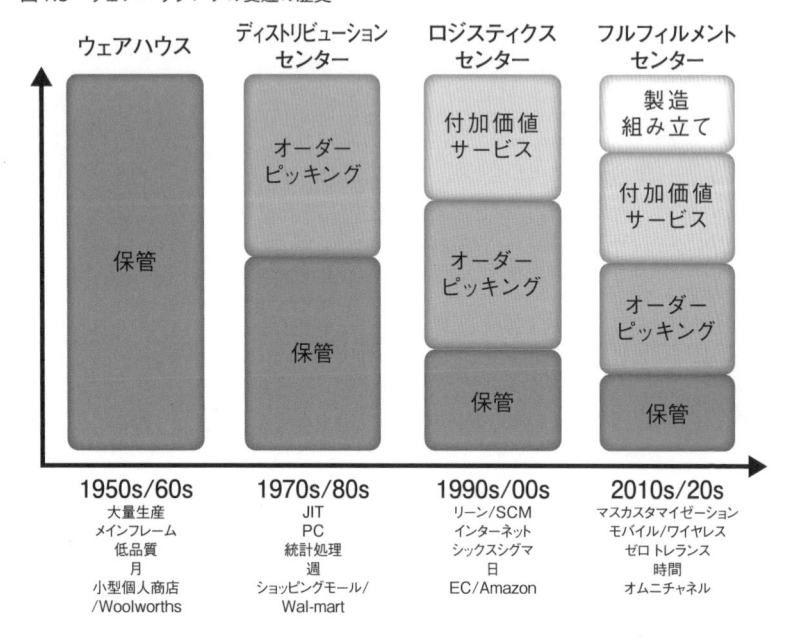

ウェアハウス	ディストリビューションセンター	ロジスティクスセンター	フルフィルメントセンター
保管	オーダーピッキング / 保管	付加価値サービス / オーダーピッキング / 保管	製造組み立て / 付加価値サービス / オーダーピッキング / 保管
1950s/60s	1970s/80s	1990s/00s	2010s/20s
大量生産	JIT	リーン/SCM	マスカスタマイゼーション
メインフレーム	PC	インターネット	モバイル/ワイヤレス
低品質	統計処理	シックスシグマ	ゼロトレランス
月	週	日	時間
小型個人商店/Woolworths	ショッピングモール/Wal-mart	EC/Amazon	オムニチャネル

- "より多く"の、小さいオーダーを処理し、
- "より多く"のアイテムをハンドリングし、保管し、
- "より多く"の製品およびサービスの個別対応を提供し、
- "より多く"の付加価値サービスを提供し、
- "より多く"の返品を処理し、さらに
- 海外からのオーダーを受注し、出荷している

ところが、今日のウェアハウスにおける現実の状況は、次のようなものだ。
- 各オーダーを処理する時間は"より短く"
- エラーの許容範囲は"より小さく"
- 若く、スキルを持ち、英語を話し、文字を読むことができる人は"より少なく"、さらに
- WMSがERPに組み込まれることでその能力が"より限定的に"

私はこの雁字搦めの状況を、"ウェアハウスマネージャーの苦悩"と呼んで

サプライチェーンにおけるウェアハウスの付加価値 [第1章]

いる。ウェアハウスは、かつてなかったほど多くのことを実行するよう要求され、同時にそれを実行するためのリソースを剥ぎ取られているのである。そしてそれは、ウェアハウジングの基礎およびベストプラクティスを理解することの重要性を一層際立たせている。

3 ウェアハウジングの基礎

ここまで説明してきたように、ウェアハウスは今後もなくならないばかりか、さらに一層重要な役割を担っていくはずである。そしてそうした特定の役割を持つウェアハウスは、以下のような名前で呼ばれている（図1.6）。

"原材料倉庫"は、生産および組み立て加工のスケジュールに対するタイムリーな支援が必要な環境において、工場の近くまたは工場内に在庫を保管する機能を持つ。

"半完成品倉庫"は、工場の近くまたは工場内に半完成品在庫を保管し、生産スケジュールと需要の間の多様なバッファーの役割を果たす。

"完成品倉庫"（または工場倉庫）は、通常大量の完成品を保管し、下流のDCへの配備のために待機する場である。

"オーバーフロー倉庫"は、一般的に工場倉庫の近くに立地し、しばしば季節性の高い在庫を保管し、3PLにより運営されることが多い。工場倉庫のほぼ3分の2は、このオーバーフロー倉庫である。

"ディストリビューションセンター（DC）"は、工場倉庫に比べて、はるかに顧客に近い場所に立地している。DCは通常、多くの工場倉庫から製品を受け取り、それらを当日または翌日に顧客に配送する。以下のようにDCの配送先が、その名前を決定する。宅配DCは、顧客の自宅に配送する。小売DCは、小売店舗に配送する。オムニチャネルDCは、自宅と小売店舗の両方に配送する。

"クロスドックDC"は、在庫を保管せず、単に入荷した製品を仕分けし、オーダー毎に集約する。

"保税倉庫"は、通常自由貿易地域内に立地し、関税の支払いを遅らせる役割を持つ。

"営業倉庫（短期契約）"は、3PLにより運営され、通常は誰とでも短い期間の保管契約を結ぶ。

"営業倉庫（長期契約）"は、3PLにより運営され、通常は長期間にわたり、1ユーザーのために独占的に運営される。

"倉庫"という名称は冠していないが、小売店舗のバックルーム、ツール置き場、貯蔵室、パーツのロッカーもまた、ウェアハウスの1形態である。

図1.6　サプライチェーン内でのウェアハウスの役割

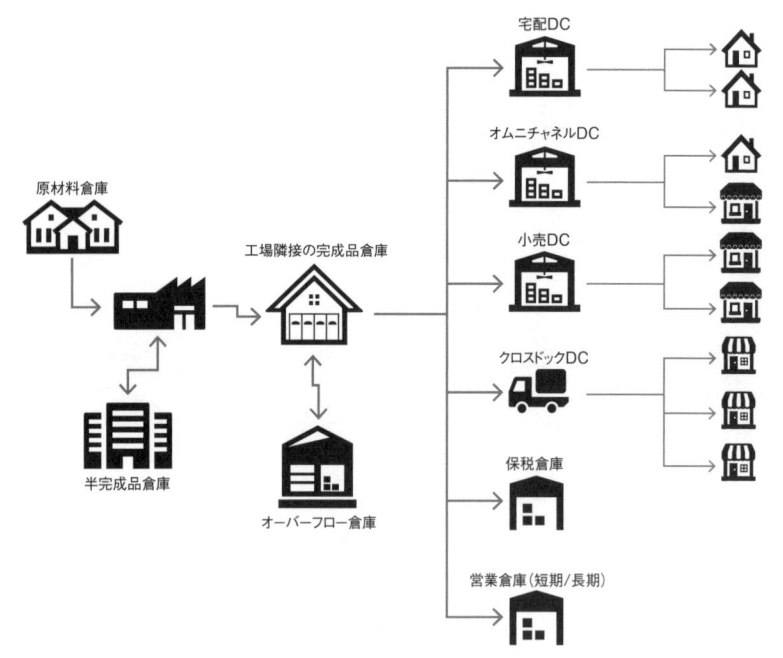

ウェアハウスの役割や名前は異なっていても、庫内の活動はどのタイプのウェアハウスも驚くほどよく似ている。これらの一般的な活動は、次の通りである（図1.7）。

図1.7 伝統的なウェアハウスのプロセスフロー

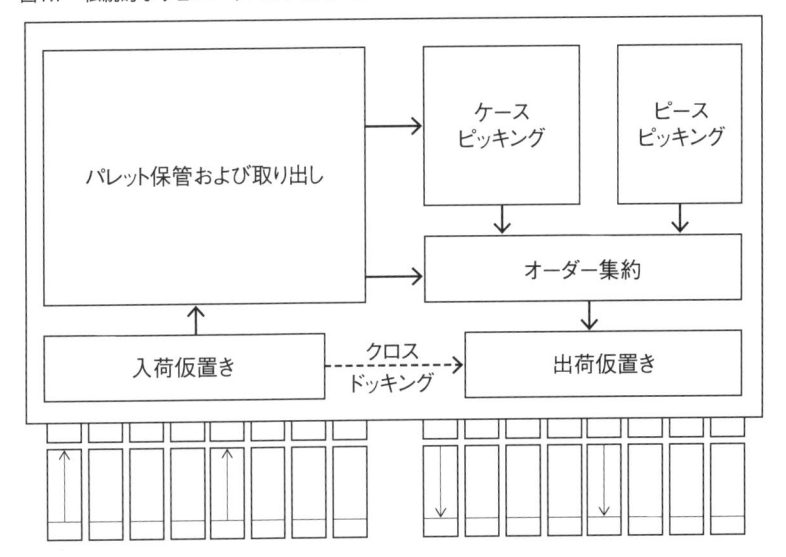

入荷
- 入荷順にトラックから荷降ろしし、すべての物をウェアハウスに入庫する
- 入庫する物の品質および個数が発注と一致するか確認する
- 物を保管エリアまたはそれを要求する庫内の業務エリアに送る

プレ・パッケージング

必要に応じて実施する活動で、製品がサプライヤーからバルク（一括大量に）で入荷し、その後商品として販売できる量にそれぞれ梱包するか、または他のパーツと一緒にキッティングまたはアソートメントを作るために組み合わせることを指す。入荷した商品は全て一括して処理するか、その一部を後で処理するために仮置きする。この仮置きは、その梱包により保管スペースの大きな部分を占有する場合、または1つのパーツが複数のキットまたはアソートメントに共通する場合に行う。クロスドッキングは、

入荷する物を、入荷ドックから出荷ドックへ直接搬送することを指し、基本的に入荷した段階でオーダーが充足されている。

格納

商品を保管スペースに置く作業を指す。具体的には、物を移動し、指定された格納ロケーションに置く活動が含まれる。

保管

需要が発生するのを待つ間、または検品が済んだ商品を物理的に貯蔵することを指す。保管方法は、在庫されるアイテムの大きさや量により、そして製品またはそのコンテナのハンドリング特性により、決定される。RightChain®では、保管システムをパレット保管システム、ケース保管システム、ピース保管システムに分類している。

オーダーピッキング

特定の需要を満足させるために、保管スペースからアイテムを取り出すプロセスを指す。オーダーピッキングは、ウェアハウスが顧客に対し提供する最も基本的なサービスである。従って、ほとんどのウェアハウスは、このピッキング作業を基準に設計されている。

出荷

以下の活動が含まれる。

- 複数のアイテムから成るオーダーについて、いくつかのゾーン別にピッキングした場合、ゾーン別に分割されたオーダーを注文主別の元のオーダーに集約する
- ピッキングされたオーダーが完了しているか、そして正確かどうかチェックする
- 商品を適正な出荷用コンテナに梱包する
- 納品書、住所ラベルないしは送り状などの出荷伝票を準備する
- 重量および容積を測り、出荷運賃を計算する
- オーダーを運送会社毎に蓄積（集積）する
- トラックに積み込む（ただし、多くの場合、これは運送会社側の責任となる）

4 本書をどう読むべきか

本書は、ウェアハウスにおける各活動を世界のトップクラスに導くために、我々が提唱するRightHouse™原理、プラクティス、システムの詳細を解説するものである。

第2章（RightViews™）は活動の簡素化、プロセスの統合化、プロセスの自動化のための機会を素早く、そして客観的に明らかにするためのウェアハウス活動プロファイリング、データおよびパターン認識について解説する。第3章（RightScores™）は財務、生産性、活用率、品質、サイクルタイム指標を設定し、新しいウェアハウスプロジェクトを正当化する時に、どのようにこれらの指標を活用するか考えるための指針となる。第4章（RightIns™とRightPuts™）は、入荷および格納の最適化を目指すものである。ここではクロスドッキング、ピッキングロケーションへの直接格納、プレ・レシービング（ASNの活用）、プレ・パッケージング、インターリービング（庫内における帰り便の活用）などを学ぶ。第5章から第7章（RightStore™）は、保管とピッキングについて解説する。第5章はパレット保管と取り出し、第6章はケース保管とピッキング、第7章はピース保管とピッキングを扱う。第8章（RightPick™とRightShip™）は、オーダーピッキングと出荷を最適化するための原理とプラクティスについて解説する。第9章（RightPaths™）は、7ステップのウェアハウスレイアウトおよびマテリアルフローを最適化する方法論を解説する。最終章（RightComms™）では、最新のウェアハウスコミュニケーションシステムについて解説する。

RightHouse™の原理は、革新的なウェアハウスコンセプト設計、ウェアハウスレイアウト設計、ウェアハウス・オペレーション・ベンチマーキング、ウェアハウスプロセス改善、倉庫管理システム（WMS）設計および導入を含む、世界中で過去に実施した、数百件に及ぶウェアハウジング・プロジェクトを振り返る中で開発されたものである。これらのプロセス改善に共通する成功要件は、作業コンテンツの排除および簡素化にある。その結論に沿って、読者の皆さんも作業コンテンツを排除し、簡素化することができれば、自身が追求する世界水準のウェアハウジングを達成できると確信している。

Chapter 第 **2** 章

RightViews™
庫内データ分析の10原則と
プロファイリングの体系

もし今あなたが病気で病院に行き、医者に診断してもらい、処方箋をもらおうとしたとしよう。この病院に着いてすぐに、医者があなたと一言も会話することなく、血液検査もせず、診察すらしていないのに、すでに処方箋を用意して待っていたらどうだろう。つまり、この医者は目を閉じたまま、自動処方箋印刷機のようなものを使って無作為に、あなたの処方箋を出したようなものだ。いうまでもなく、あなたはこの医者の所へは二度と行かないだろう。

　残念ながら、病気を患った多くのウェアハウスに対する処方箋が、十分な検査もしないまま出されている。知識、ツール、そして時間の不足により、多くのウェアハウスの再構築およびレイアウト改善プロジェクトは、問題の根本原因の理解もなく、また真の改善機会の追求もされないまま始められている。

　アイテムおよびオーダーの動きについての体系的な分析を"ウェアハウス・アクティビティプロファイリング"と呼ぶ。アクティビティプロファイリングは、ものと情報の流れに関する問題の根本原因を明らかにし、さらにプロセス改善の機会をピンポイントで指摘し、プロジェクトチームの意思決定に客観的な根拠を提供する。このプロファイリングを成功させるための出発点は、次節に示す動機づけと潜在的な落とし穴を認識することにある。それに続く各節では、多様なプロファイルとその解釈について解説する。それら事例は、プロファイリングの原理原則を教える際に活用されるもので、かつウェアハウスまたはDCの再構築のために必要なプロファイルの全体像を示すものである。

1　頭文字Pで表すプロファイリングの10原則

　過去20年以上にわたり、アクティビティプロファイリングについて主導し、その普及を図り、調査し、教育してきたが、その考え方を"頭文字Pで表すプロファイリングのP"という10個の原則でまとめてみた。

プロファイリングの準備（❶Preparation）

　新しい本や記事を書く場合、最初にすることは、対象とするテーマについて、他の人が書いているものを読むことで、自分の考えを刺激することである。学生への講義や、セミナーの準備をする場合も、自分の思考を活性化するために、同じことをする。アクティビティプロファイリングも、これと同様である。そ

庫内データ分析の10原則とプロファイリングの体系　[第2章]

れは、ウェアハウスの毎日の作業報告書を読むに等しい。顧客のオーダー、発注書、アイテムの動き、在庫レベル等のプロファイルを見始め、基本的な活動を理解するにつれ、改善への創造力が湧き出してくるのだ。

プロファイリングのパワー（❷Power）

プロファイリングを厳密に行えば、ウェアハウスでの活動に対する適切なオペレーションとそのためのマテハン機器の組み合わせがたちどころに見えてくる。また、プロファイリングにより検討する価値すらないような選択肢を速やかに排除することができる。多くのウェアハウス再構築プロジェクトがうまく行かない理由は、元々実際には改善機会のないコンセプトを実行しようとするところにある。

プロファイリングへの参加（❸Participation）

プロファイリングには、かかわりのある主要なメンバーのプロジェクトへの参加が不可欠である。プロファイリングの実施には、関連する多くの部門から提供されるデータの検証および合理化（不要なものの排除）を行い、プロファイリング結果の解釈が当然のことながら要求される。その意味で、広範囲の人々がプロファイリングに参加し、参加者すべてがウェアハウスの設計プロセスを支援していることになる。

プロファイリングへの誠実さ（❹Probity）

プロファイリング結果は、分析や正当化がなされずバイアスがかかった決定とは反対に、客観的な意思決定を下すことを可能にし、それを促す。あるクライアント企業のプロジェクトリーダーのことを"キャプテン・カルーセル"と呼んだことがある。なぜなら、データが何を示していようと、オーダーやプロファイルがどのような状況にあろうと、会社が投資できる限度額がどうであろうと、彼は新しい設計に必ずカルーセル（回転棚）を導入していたのである。このプロジェクトが、成功したかどうかは容易に想像がつくだろう。

プロファイリングの目的（❺Purpose）

ウェアハウス・アクティビティプロファイリングの説明をしていく中で、多くの非常に複雑な統計的な分布図を目にすることになる。なぜ、そんな面倒なことをするのだろうか。

今、1オーダー当たりのアイテム数の平均を求めようとしていると仮定しよ

う。100件のオーダーをランダムにサンプリングしたものを基に分析したと仮定し、図2.1に示すように1アイテムのオーダーが50件あり、3アイテムのオーダーが50件あることとする。1オーダー当たりのアイテム数の平均はいくつだろうか。答えはもちろん2である。それでは、2アイテムのオーダーは、どれ位の頻度で発生しているだろうか。答えはゼロである。

単なる平均ではなく、実際の分布に基づいてウェアハウスの計画・設計をしなかったら、計画・設計プロセス全体が誤った方向に向かってしまうだろう。

図2.1　小規模の通販会社の、1オーダー当たりのアイテム数の分布

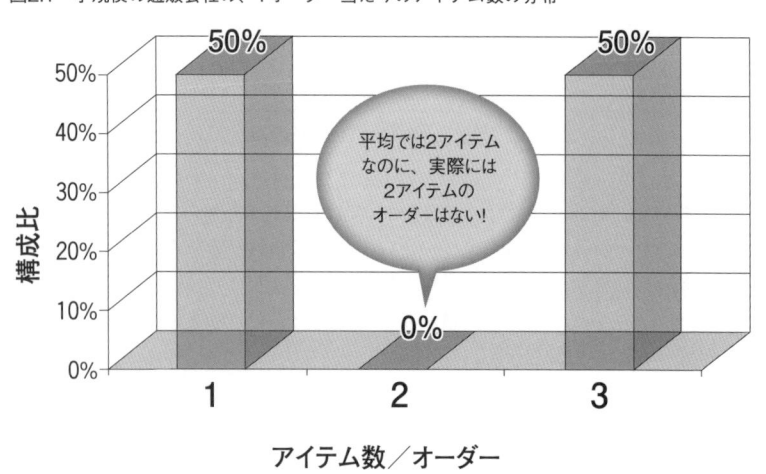

プロファイリングにおける法則とその中心 (❻Principle & ❼Principal)

ヴィルフレド・パレートは、イタリアの経済学者であり、ガーデニングが趣味だった。彼はイタリアにおける80%の土地が20%の人々により所有されており、また彼の庭で収穫したエンドウ豆の80%が20%のさやから採れることに気づき、パレートの法則が生まれた。品質管理に多大な影響を与えたジョセフ・ジュランは、これを"少数の重要項目と多数の軽微項目の法則"と呼んだ。アクティビティプロファイリングは、基本的に、このパレートの法則（または80/20の法則、ABC分析とも呼ばれる）の繰り返しと戦略的な適用に他ならない。以下がウェアハウジングにおけるパレートの法則の事例である。

- ピッキング活動の大半は、ごく少数のアイテムから派生する

庫内データ分析の10原則とプロファイリングの体系　[第2章]

- 在庫が庫内で占める容積の大半は、少数のアイテムから派生する
- 出荷量の大半は、少数の顧客から派生する

プロファイリングの絵（❽Pictures）

例えば今、生まれたばかりの赤ん坊を抱えた母親の絵を見たとすると、たくさんの想像が浮かんでくるだろう。プロファイリングを通して、ウェアハウスの活動を図式化することにより、同じ効果が狙える。

意思決定者に情報を提供する際、ウェアハウスの活動を図式化して捉えられれば、データで裏付けられ、かつ誰もが納得できる賢明な意思決定を速やかに下すことが可能となる。

プロファイリングの視点（❾Perspectives）

「百聞は一見に如かず」に当てはめると、ビデオは"百見"に匹敵するだろう。双方向のデータ可視化、シミュレーション、アニメーションは、アクティビティプロファイリングをビデオ撮影することに最も近い手法だろう。

双方向のデータ可視化は単純に、ユーザーが自由にコントロールできる動く図表である（図2.2）。シミュレーションは通常、現実のウェアハウスの2次元

図2.2　大手消費財メーカーのための双方向のウェアハウスデータ可視化の画面イメージ

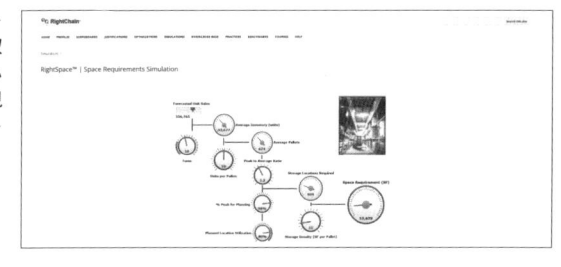

図2.3　大手製薬会社のための2次元ウェアハウスシミュレーションの画面イメージ

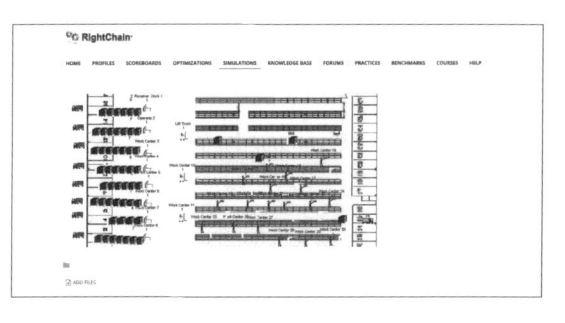

の投影であり、ウェアハウス内のものの動きを描いている（図2.3）。アニメーションは、3次元のシミュレーションである（図2.4）。

図2.4 大手化粧品会社のDCの3Dアニメーションモデルの画面イメージ

プロファイリングの落とし穴（❿Pitfalls）

ウェアハウスのプロファイリングを始める前に、1つだけ注意喚起しておきたい。それは、自分自身のプロファイリングに溺れてしまい、止まらなくなる可能性があるということだ。一部の人は、これを"分析麻痺症候群"と呼んでいる。十分に注意しなければならないことは、プロファイリングに夢中になって、究極の目的である問題解決を見失ってしまうかも知れないことなのだ。

2 ウェアハウス・アクティビティプロファイリング

私は長い年月をかけ、サプライチェーンにおける主要な設計プロセス、経営判断をするための体系的かつ包括的なアクティビティプロファイル群を確立した。そのプロファイルは、我々のチーム独自のパターン認識アルゴリズムに基づき構築され、またサプライチェーンデータウェアハウスからデータが吸い上げられる。ウェアハウス・アクティビティプロファイリングは図2.5のとおり体系化される。

庫内データ分析の10原則とプロファイリングの体系 ［第2章］

図2.5 ウェアハウス・アクティビティプロファイルの体系

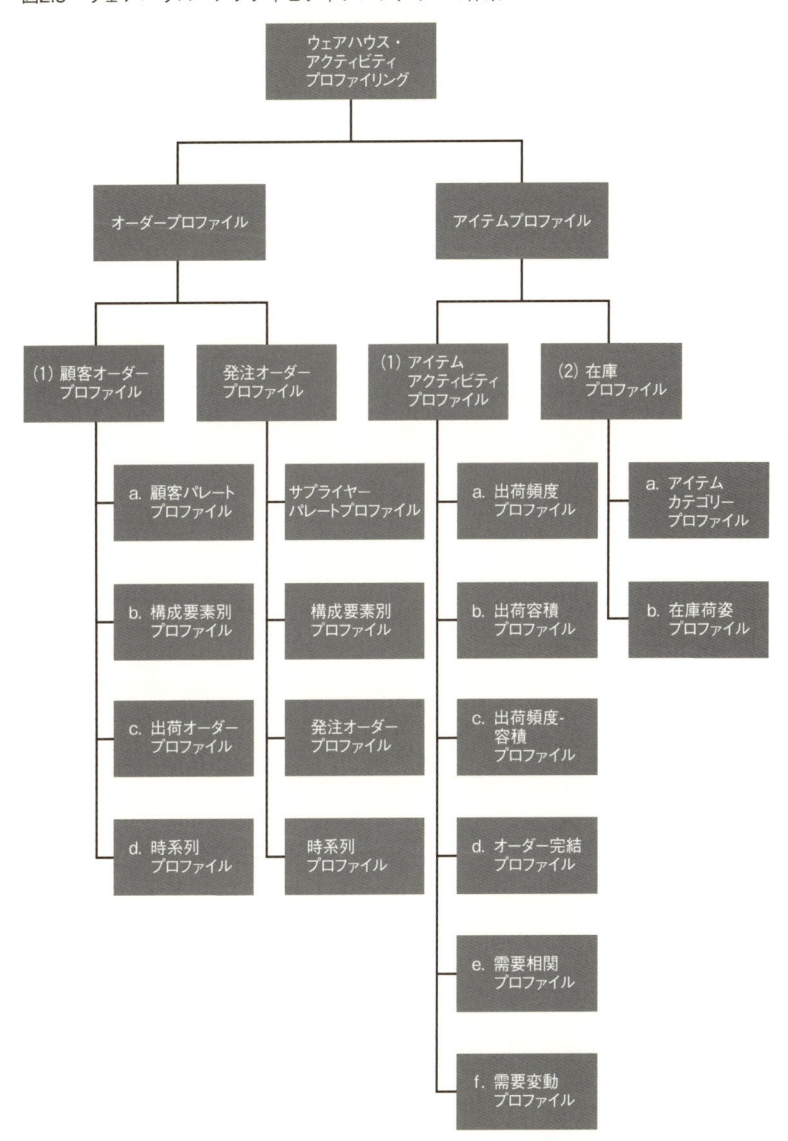

```
                    ウェアハウス・
                    アクティビティ
                    プロファイリング
                    ┌──────┴──────┐
            オーダープロファイル      アイテムプロファイル
            ┌──────┴──────┐      ┌──────┴──────┐
        (1) 顧客オーダー  発注オーダー  (1) アイテム      (2) 在庫
            プロファイル  プロファイル    アクティビティ     プロファイル
                                       プロファイル
```

オーダープロファイル配下：

(1) 顧客オーダープロファイル
- a. 顧客パレートプロファイル
- b. 構成要素別プロファイル
- c. 出荷オーダープロファイル
- d. 時系列プロファイル

発注オーダープロファイル
- サプライヤーパレートプロファイル
- 構成要素別プロファイル
- 発注オーダープロファイル
- 時系列プロファイル

アイテムプロファイル配下：

(1) アイテムアクティビティプロファイル
- a. 出荷頻度プロファイル
- b. 出荷容積プロファイル
- c. 出荷頻度-容積プロファイル
- d. オーダー完結プロファイル
- e. 需要相関プロファイル
- f. 需要変動プロファイル

(2) 在庫プロファイル
- a. アイテムカテゴリープロファイル
- b. 在庫荷姿プロファイル

オーダープロファイル

オーダープロファイルには、顧客オーダープロファイル、発注オーダープロファイル、およびインバウンド輸配送プロファイル、アウトバウンド輸配送プロファイルが含まれる。これら4つのプロファイルが入荷ドックから出荷ドックに行くまでの活動パターンを投影している。ここではオーダープロファイルの代表として顧客オーダープロファイルのみを取り上げることとする。

ものと情報は、顧客サービスを向上させるためにウェアハウスを経由して流れるべきである。顧客は、ウェアハウスに何を求めているのだろうか。それは、正確でタイムリーにして低コストでオーダーを充足することである。従って、ウェアハウスを計画し設計するにあたって、最初に究明すべきことは、顧客と顧客からのオーダーのプロファイルである。

(1) 顧客オーダープロファイル

顧客オーダープロファイルには次の4つのプロファイルが含まれる。

a．顧客パレートプロファイル
b．構成要素別プロファイル
c．出荷オーダープロファイル
d．時系列プロファイル

a．顧客パレートプロファイル

一部の顧客は、ウェアハウスに非常に大きな需要をもたらし、それがウェアハウスの全活動に占める割合を非常に大きくし、また非常に高いレベルの顧客サービス要件を求める場合がある。従って、ウェアハウスの中にこの特定の顧客または事業部のために、"ウェアハウスの中のウェアハウス（倉庫内倉庫）"を作って対応することが大きな意味を持つこととなる。例えば、ある大手アパレルメーカーは、その取引の大部分が、大手百貨店チェーンのJCペニーとの取引だったため、JCペニー専用のウェアハウスを自社ウェアハウスの中に作ったのである。

図2.6の事例は、食品/飲料業界のクライアントのものである。わずか4社の顧客で、このDCの活動の50%を生み出している。この事例の場合、これらの顧客それぞれに専用のゾーンを割り当てることによって、歩行時間を短縮し、さらに顧客サービスの向上を実現することに成功した。

次の事例（図2.7）は、大手出版社のDCであり、4つの異なる事業部を支援するための、保管在庫用セントラルDCの機能を果たしている。各事業部は、

庫内データ分析の10原則とプロファイリングの体系　[第2章]

図2.6　少数の顧客がピッキングと出荷の大半を生み出す

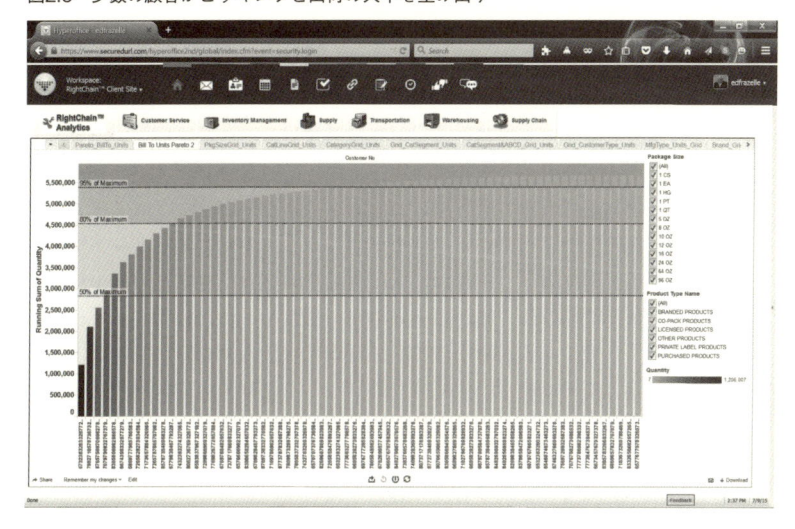

図2.7　大手出版社のための倉庫内倉庫コンセプト

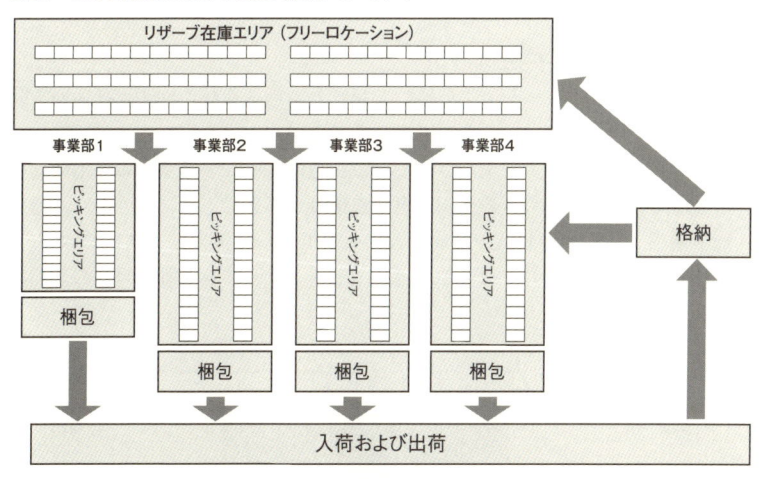

セントラルDCの中に共有のリザーブ在庫エリアと、固有のピッキングエリアを持ち、優れた顧客サービスを達成している。各ピッキングエリアのマネージャーは、所管事業部の管理下にある。一方、直接の組織上の指揮命令系統は、

物流担当部長の管理下におかれている。これは"専用"と"共有"という2つの世界の良いところを取っている。それらは、入荷リソースの共有、リザーブ在庫の効率的なハンドリング、事業部専用のピッキングライン、出荷リソースの共有である。

倉庫内倉庫設計の考え方の利点は、より規模の小さいウェアハウスの方が大きなウェアハウスよりも、一般的に生産性が高く、顧客サービスパフォーマンスも高いことである。倉庫内倉庫設計の考え方は、ウェアハウスのミッションを細分化し、高効率できめ細かい対応を可能にする。多くのオーダープロファイルおよびアイテムプロファイルは、庫内運用全体を自己完結型のセル生産方式に類似したゾーンや仮想倉庫、倉庫内倉庫に分割するための手がかりをはっきりと見せてくれる。この設計手法は、製造業での製造プロファイルが、大規模な工場全体としてではなく、生産性や品質、サイクルタイム改善のためにフレキシブル生産セルを構築するための手法に類似している。

b．構成要素別プロファイル

顧客オーダーの構成要素別プロファイルには以下の項目が含まれる。

- カテゴリープロファイル
- ハンドリングプロファイル（パレット／ケース／ピースプロファイル）
- オーダー区分単位プロファイル

〈カテゴリープロファイル〉

ウェアハウスオペレーション戦略は、通常どの程度複数のカテゴリーから顧客オーダーが構成されているかを考慮する必要がある。もし、オーダーが単一のカテゴリーのアイテムで構成されているならば、ウェアハウスに専用のゾーンを設けて、ウェアハウス内に仮想倉庫を構築すべきであり、その場合、通常高い生産性と顧客サービスを達成することができる。例えば、図2.8にあるカテゴリープロファイルは、高級紙製品、コピー／レーザー用紙、封筒の卸売業

図2.8 大手紙製品卸売業のためのカテゴリープロファイルの画面イメージ

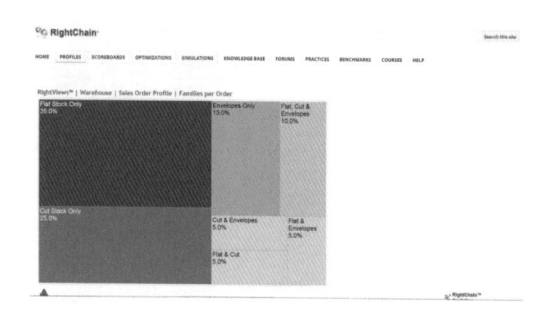

のものである。カテゴリーAは、フラットストックと呼ばれる商品群である。こうした紙製品からは、プリンターで高品質のパンフレットなどが印刷される。フラットストック1カートンは、およそ長さ30インチ、幅24インチ、奥行き9インチの大きさで、その重量は80ポンドである。カテゴリーBはカットストックと呼ばれ、基本サイズ8インチ×11インチ（レターサイズ）のコピー/レーザー用紙である。カットストック1カートンの重量は、およそ20ポンドであり、長さ24インチ、幅10インチ、奥行き10インチの大きさである。カテゴリーCは、封筒やラベルといった非常に小さく、軽量な商品群を指す。

　この事例では、ウェアハウス内にこの3つのカテゴリーそれぞれのゾーンを設けるべきかを判断しようとしている。もし、顧客からのオーダーがミックスされている、つまり同じ顧客からのオーダーにおいてフラットストック、カットストック、封筒が一緒にオーダーされる傾向があれば、出荷用パレットを準備する際、最初にフラットストックを置き、次にカットストック、最後に封筒を置く。そのようにゾーニングする場合は、各ゾーンを横切って移動するか、ゾーンからゾーンへパレットをリレーする必要があるため、多大な移動時間を要することになる。

　もしオーダーが単一のカテゴリーから構成されるのであれば、1つのカテゴリーでこの顧客オーダーを満足する可能性が高く、よってこの特徴に基づいてウェアハウス内にゾーンを形成することで、効率的な作業エリアを構築でき、特にフラットストック、カットストック、封筒の形でウェアハウスに入荷する場合、さらに効率を高めることが可能である。

　図2.8では、オーダーの35％が、フラットストックだけで完了することができ、25％のオーダーはカットストックのみで完了、15％のオーダーは封筒だけで完了できている。幸運なことに、75％（35＋25＋15）のオーダーが、単一のカテゴリーで満足できる。さらに幸運なことに、これらの商品が入荷する際には、この同じカテゴリーが単独で入荷していることが分かったのだ。従って、このカテゴリーに沿ってウェアハウスをゾーニングすることでウェアハウス全体のオペレーション効率を38％改善することが可能になったのだ。

〈ハンドリングプロファイル〉

　典型的な2つのハンドリングプロファイルは、フルパレット/ケース区分プロファイルおよびフルケース/ピース区分プロファイルである。

▶フルパレット/ケース区分プロファイル

　フルパレット/ケース区分プロファイルは、パレットピッキングとケースピッキングエリアを分けるべきかどうかの判断をするために活用される。

例えば、図2.9の中では、オーダーの52％がパーシャルパレット（パレットの一部＝例えばケースピック）から満足されている。29％のオーダーは、フルパレットで完了しており、残り19％のオーダーがパーシャルとフルパレットの両方からのアイテムを要求している。このプロファイルは、フルパレットとケースピッキングのエリアを分けることを強く示唆している。

図2.9 大手事務用品卸売業のフルパレット/ケース区分プロファイルの画面イメージ

もしエリアを分けた場合、ミックスされたオーダーを準備するのに、余分なコストを要するだろうか。答えはノーである。なぜなら、そうしたオーダーはわずか19％しかないのだから。81％のオーダーに対しては、パレット/ケースピッキングをするために、倉庫内倉庫を形成するのである。オーダーがWMSに入ってきたら、即時にパレットピックオーダー、ケースピックオーダー、さらにミックスオーダーに振り分ける必要がある。ミックスオーダーについては、WMSがパレットピック部分とケースピック部分に分割し、さらにフルパレット部分をケースピックエリアにリレーするか、またはケースピックとパレットピックを下流にて統合しなければならない。

▶フルケース/ピース区分プロファイル

このプロファイルは、フルケースとピースピッキングエリアを分けるべきかどうか判断するときに活用する。パレット/ケース区分プロファイルの例と同様に、図2.10のプロファイルにおいても、全オーダーのごく小さな割合が、フルケース/ピースの両方からアイテムを要求していることが分かる。従って、フルケース/ピースそれぞれに別のエリアを設けることは、それらのアイテムをミックスすることが極めて少ない、2つのオーダー完結ゾーンを構築することを意味する。

庫内データ分析の10原則とプロファイリングの体系　[第2章]

図2.10　フルケース/ピース区分プロファイルの画面イメージ

▶オーダー区分単位プロファイル

オーダー区分単位プロファイル（図2.11）は、顧客オーダーの中で、特定のユニットロード（この場合パレット）のどれ位の割合が注文されたかを判断するために使う。例えば、1パレット上に100ケース載っていて、今顧客が50ケースをオーダーした場合を考えよう。この場合、顧客はパレットの50％をオーダーしたことになる。もしパレット上に80ケース置かれており、顧客が20ケースをオーダーした場合、パレットの25％をオーダーしたことになる。

このプロファイルにおいて、何が特徴的かに気付いただろうか。ほとんどのこうしたプロファイルにおいては、重要なことはピークと谷を見つけることにある。ピークは、パレットの25％と50％の部分に当たる。

パレットの上に100ケース置かれているとして、顧客が100ケースをオーダーしたとしよう。あなたは、100ケース（1パレット分）をバラバラにピッキン

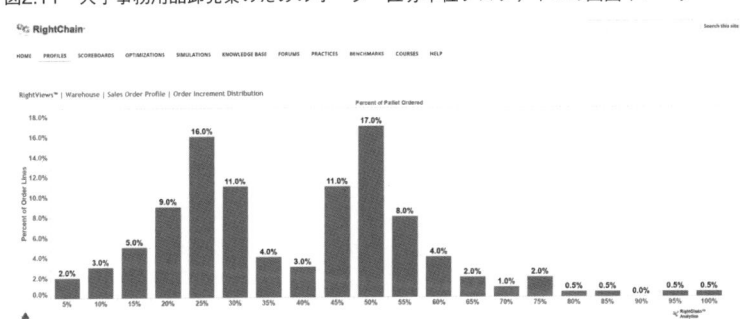

図2.11　大手事務用品卸売業のためのオーダー区分単位プロファイルの画面イメージ

43

グするだろうか。もしそうであれば、本書を読む必要はない。1パレット全てを一度にピッキングする方が良いに決まっているからだ。それはあなたにとって良いだけではなく、顧客にとっても良い方法なのだ。顧客としても、100ケースをバラバラに受け取るよりも、フルパレットで入荷した方が、1ユニットロードとして取り扱うことができるので効率的である。

それではどのように、2分の1パレットや4分の1パレットのユニットロードを作ることができるだろうか。この事例の場合、製造工場にウェアハウスが隣接していた。この2つの施設の間に、パレタイザーが設置されていたために、私たちは4分の1パレットを通常の4倍、2分の1パレットを通常の2倍の頻度で作ればよかったのだ。もしウェアハウスが製造工場に隣接していない場合、次に望ましいシナリオは、サプライヤーに4分の1パレットおよび2分の1パレットのユニットロードを用意するように依頼することになる。もしサプライヤーが対応できない場合は、入荷時点で自らがユニットロードを用意することになる。

それでは顧客に、2分の1、4分の1、またはパレットの1層（レイヤー）という単位で、オーダーすることを促すことは可能だろうか。もちろん可能である。多くの場合、パレット/レイヤーの量を準備したことを、顧客や発注担当者に周知徹底することで、事前に準備したユニットロードでの発注を促すことができる。また効率的なハンドリング単位で発注された場合、割引価格を提供することもできる。この事例では、部門横断的なプロジェクトチームの中に営業担当者がいたために、4分の1、2分の1パレットでのオーダーに対し、すぐに割引価格を適用することが可能であった。

パレットの一部分の量を前もって準備することのデメリットは2つある。1つは、先入れ先出しが複雑になることであり、もう1つは、保管密度が低下することである。先入れ先出しが必要な商品の場合、WMSは日付とロットの回転を追跡できるはずである。私は、多くの業界に存在する先入れ先出し要件は、世界トップクラスのウェアハウジングプラクティスにとって、阻害要素であると考えている。例えば、最近チョコレートの小売チェーンと仕事をしたが、先入れ先出しが継続してこの会社の生産性改善における障害となっていた。私は、ハロウィーン時期の製品が入荷しているときに、バレンタインデーの対応会議を行ったことを覚えている。実際、先入れ先出し要件の範囲内で、大きな入荷許容期間が設けられていたのである。

1パレットに載るケース量が、2から4パレットに分散して置かれるために、保管密度の低下が起こる。2分の1パレットの場合、1パレットのスペースに、

2個の2分の1パレットを積み重ねる必要がある。4分の1パレットで保管する場合、従来の1パレットよりも上方に15%ほど余分なスペースが必要となるが、保管密度の低下はウェアハウス全体としては、5%未満に抑えることができる。

レイヤーピッキング：

良く顧客からオーダーされる単位に、パレットの1層（レイヤー）単位のオーダーがある。その例を、図2.12に示す。ここで注意すべきことは、オーダー行数の80%までが、フルレイヤー単位で発注されていることだ。これが、レイヤーピッキングを導入すれば、大幅な生産性およびスループット能力の改善につながるという、我々の強い推奨の根拠となっている。レイヤーピッキングシステムの事例は、第6章で紹介している。

図2.12 大手食品/飲料メーカーのレイヤーピッキングのプロファイルの画面イメージ

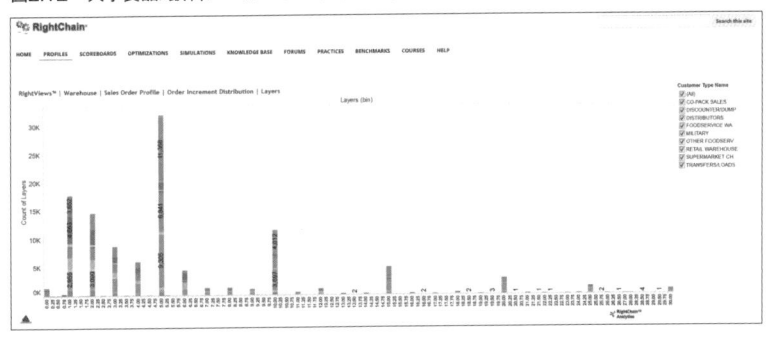

インナーパック（ケース内ケース）：

ケースオーダー区分単位プロファイル（図2.13）においては、顧客のオーダーが、フルケースのうちどれだけの割合を占めているかを判断する。例えば、1ケースの中に100個の商品が入っていて、顧客が50個をオーダーしてきた場合、この顧客は2分の1ケースをオーダーしたことになる。このプロファイルにおいて、何が特徴的なのだろうか。この事例（図2.13）の場合、顧客はフルケースまたは2分の1ケース周辺でオーダーする傾向がある。従って、2分の1ケース（ケース半分の量のインナーパックを作っておく）またはフルケースでのオーダーに対して割引を提供し、すでにその単位でオーダーする傾向の強い顧客に、フルケース単位でオーダーすることを促すのである。

一般的な原理原則は、人々がよくオーダーする単位にプレパッケージし、顧客にこの効率的な単位でオーダーすることを促すことだ。より高度なアプロー

図2.13　大手医薬品会社のケースオーダー区分単位プロファイルの画面イメージ

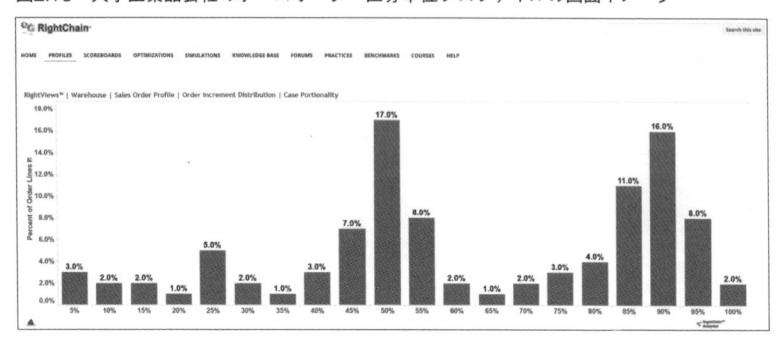

チは、製品をピッキングおよび出荷するための準備を可能な限りサプライヤーに依頼することである。できるだけ多くの出荷および梱包の準備のできたものを入荷ドックで受け取るようにサプライヤーに対応してもらうのである。なぜなら、今日のウェアハウスにおいては、益々短くなる製品配達の許容時間を満足させるため、オーダーが到着したらすぐにその製品のハンドリングおよび準備を最短時間で行わなければならないからである。

c．出荷オーダープロファイル

我々の出荷オーダープロファイルには、1オーダー当たりの行数、個数、容積、重量プロファイルが含まれ、さらにこれら4つを同時に示す場合もある。いくつかのプロファイルの事例を以下に紹介する。

〈1オーダー当たりの行数プロファイル〉

1オーダー当たりの行数プロファイルは、オーダー1件に含まれるSKU数を表す。これは最も重要なプロファイルの1つであるが、その理由はあるオーダーに含まれる各SKUが、そのSKUをピッキングするためにその保管ロケーションを訪問する回数を意味するからである。ロケーションへの訪問は、ウェアハウスにおける活動の大半を占めるものである。結果として、ロケーションの管理は、おそらくウェアハウスの生産性を最大化するうえで最も必要とされる要素となる。

図2.14の1オーダー当たりの行数プロファイルは、オーダー件数の63％が1行のオーダーであり、13％が2行、15％が3行から5行、8％が6行から9行、そして7％が10行以上となっている。それでは、この中でピークはどこだろうか。それは、1行のオーダーである。これは珍しいことではなく、特に通販やBtoCの業界の場合に顕著である。それでは今から、こうしたオーダープロファ

庫内データ分析の10原則とプロファイリングの体系 [第2章]

図2.14 大手通販会社の1オーダー当たりの行数プロファイルの画面イメージ

イルを活用したオペレーション戦略を考えてみよう。

第1に"1行のオーダー"は、バックオーダーである可能性がある。バックオーダーは、クロスドッキングの対象となる可能性が高い。第2に、1行のオーダーは少量であり、緊急オーダーである可能性が高い。これらのオーダーは、バッチ化してピッキングツアーを構築し、さらにロケーションシークエンス（順番）に従いピッキングリストを発行することで、非常に効率の高いピッキングツアーを組むことができる。

もう1つの一般的に見られる1オーダー当たりの行数プロファイルを、図2.15に示す。ピークは1オーダー当たり11行から50行のオーダーである。これは、小売店舗/スーパーマーケット/営業所を顧客とする小売業/食品卸/販社のプロファイルで良く見られるものである。この場合、通常1オーダーで十分な仕事量となるアイテム数があり、1オーダーで効率的なピッキングツアーを形成

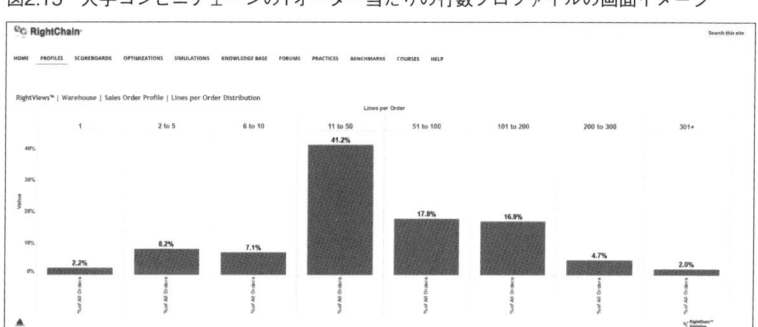

図2.15 大手コンビニチェーンの1オーダー当たりの行数プロファイルの画面イメージ

することが可能である。さらに、1オーダーが非常に大きいために、オーダーを分割し複数のピッカーが同時にピッキングを行い、最後にそのオーダーを集約する場合もある。

〈1オーダー当たりの容積プロファイル〉

1オーダー当たりの容積プロファイル（図2.16）は、出荷オーダーを前もって定義された容積区分に分類するものである。またこのプロファイルは、異なる出荷コンテナのサイズ、ピッキング方法、輸配送モードおよび仮置きスペース要件を示唆している。図2.16は、大手玩具メーカーの1オーダー当たりの容積プロファイルの事例である。このプロファイルを使ってピッキング手法およびコンテナサイズの組み合せおよび割合を選定するのである。

図2.16　大手玩具メーカーの1オーダー当たりの容積プロファイルの画面イメージ

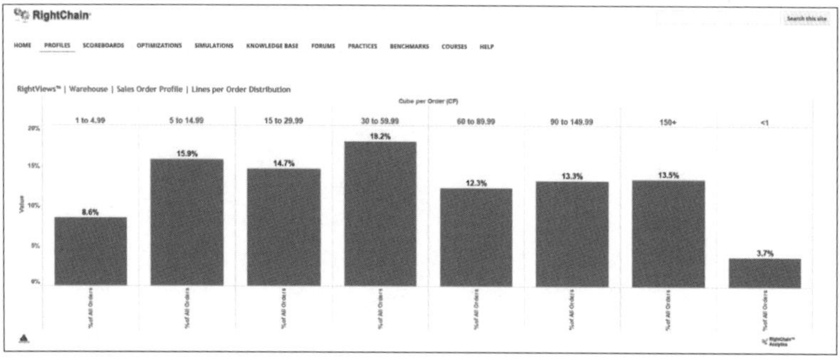

〈1オーダー当たり行数および容積プロファイル〉

1オーダー当たり行数および容積プロファイル（図2.17）は、オーダーピッキング戦略を策定するに当たり必要な重要情報を、1つのプロファイルに統合したものである。これは統合化されたプロファイルであり、すべてのオーダーをオーダー当たり行数と容積カテゴリーに分類する。これは通常毎日のピッキング活動を表している。この事例（図2.17）では、1行のオーダーが176件あり、これらは1オーダー当たり1立方フィート弱のスペースを占めている。これらのオーダーは、複数のオーダーに対応できるピッキングカート/トートまたは出荷用コンテナを使って、1人のピッカーがバッチピックする候補となるだろう。反対に、10行以上のオーダーが1件あり、このオーダーだけで20立方フィート（ほぼ3分の1パレット）以上のスペースを占めていることが分かる。このオーダーは、1人のピッカーがパレットにピッキングしていくのが最良の方法と考

庫内データ分析の10原則とプロファイリングの体系　[第2章]

えられる。

図2.17　オーダー当たり行数および容積プロファイルの画面イメージ

図2.18の事例は、ある大手小売企業の1オーダー当たり行数および容積プロファイルを示している。この事例では、小さいサイズのオーダーについては、1カート当たり10から20オーダーを収納できるピック-パックカートを使ってピッキングしている。中間サイズのオーダーは、2から5オーダーを収納できる中間サイズのカートを使ってピッキングする。大きなサイズのオーダーは、1回のピッキングツアーで1オーダーをピッキングするのである。

図2.18　ある大手小売業の1オーダー当たり行数および容積プロファイルの画面イメージ

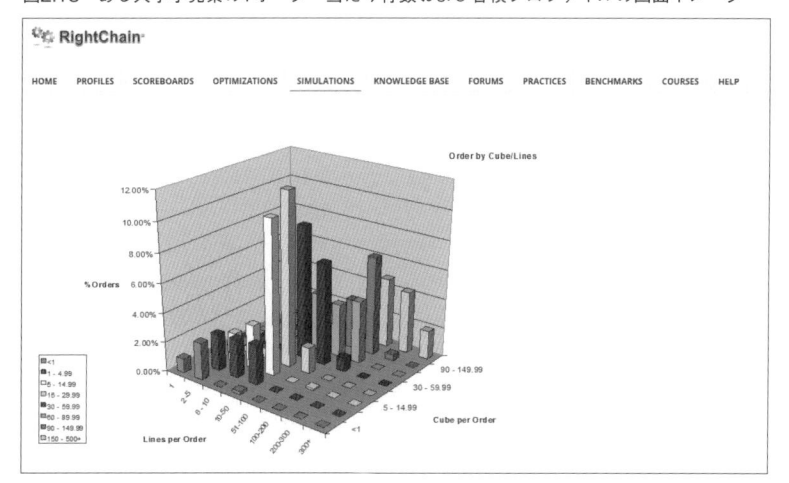

49

d．時系列プロファイル

　月次から時間帯まで、時系列の各プロファイルは、庫内の各活動のピークと谷を示し、ウェアハウスに必要なインフラ、つまり、すべての人員、マテハンシステム、保管システム、ドックドアの最適なサイズの決定に活用することができる。

〈月次アクティビティプロファイル〉

　月次アクティビティプロファイルは、クリスマスや新学期等の季節性が庫内の各活動に影響するため"季節アクティビティプロファイル"と言われることもある。ある大手小売業の月次アクティビティプロファイルの事例を、図2.19に示す。

図2.19　ある大手小売業の月次アクティビティプロファイルの画面イメージ

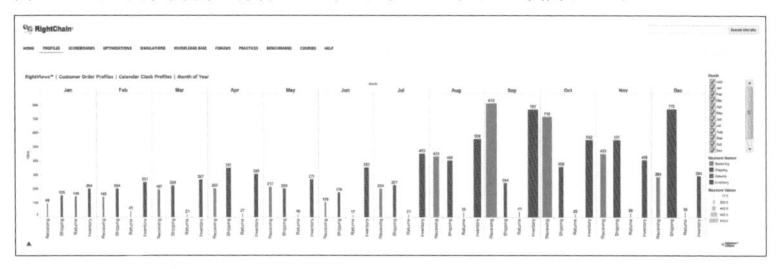

　月次アクティビティプロファイルは、在庫レベルおよび入荷、出荷、返品アクティビティのピークと谷を示す。保管システムは、ピーク付近の在庫レベルに影響を受け、またマテハンシステムもピーク付近のアクティビティレベルに影響を受けるため、ピークの在庫レベルおよびアクティビティレベルを把握することが不可欠である。この事例は典型的な小売業のプロファイルを表しており、入荷は8月/9月、在庫は9月/10月、出荷が10月/11月、返品は1月にピークを迎えている。このプロファイルは、8月/9月の入荷のピーク、10月/11月の出荷のピーク、1月の返品のピークに合わせた人員配置を可能にする（極端なことを言うと、ウェアハウス内の各活動のピーク時期が分散しているため、同じ従業員がアイテムを入荷し、保管、格納し、出荷のためのピッキングをし、返品の処理をすることも可能である）。業界で一般的に行われている方法としては、1年を通じてピークの週の平均的な一日を処理できるように設計されている。

庫内データ分析の10原則とプロファイリングの体系　[第2章]

〈週次アクティビティプロファイル〉

図2.20の事例では、出荷活動の多くが月の最終週に発生している。特に、四半期の最終月にそれが顕著である。反対に、入荷活動は月の最初の週に多く、特に四半期の最初の月に顕著である。他の時系列プロファイルと同様にこの週次プロファイルは、各活動のピークに合わせフレキシブルに人員を配置するため、クロストレーニング（各活動の多能工化）を受けた作業員がすぐにも必要であることを示している。

図2.20　週次アクティビティプロファイルの画面イメージ

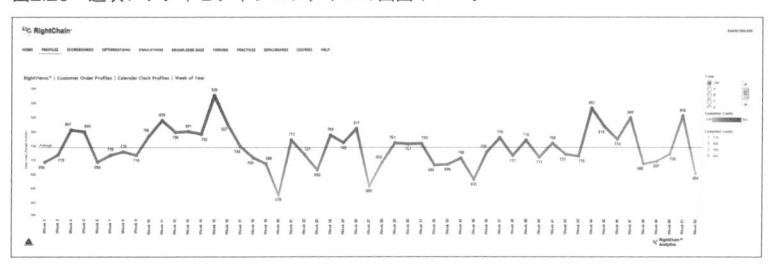

〈日次アクティビティプロファイル〉

図2.21の事例では、週の中でも日によってウェアハウスアクティビティのピークと谷があることが分かる。この事例は、最近完了した世界最大の寝具メーカーのサプライチェーン戦略構築プロジェクトであり、マットレスの多くは土曜に購入され、翌週の金曜日に配達されるように注文されている。無論、木曜日と金曜日がウェアハウスの繁忙日となる。

図2.21　ある大手寝具メーカーの日次アクティビティプロファイルの画面イメージ

51

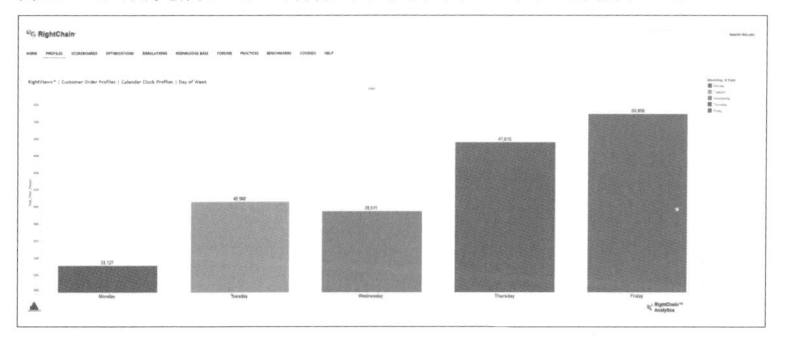

〈時間帯アクティビティプロファイル〉

時間帯プロファイル（図2.22）は、入荷、格納、ピッキングおよび出荷活動の時間帯ごとのピークと谷を示している。マテハンシステムは、活動のピーク時間帯に合わせて設計されるべきであり、ピークを平準化することにより、勤務シフトと部門間の配置転換が可能になる。

図2.22　ドックドアにおける入荷の時間帯アクティビティプロファイルの画面イメージ

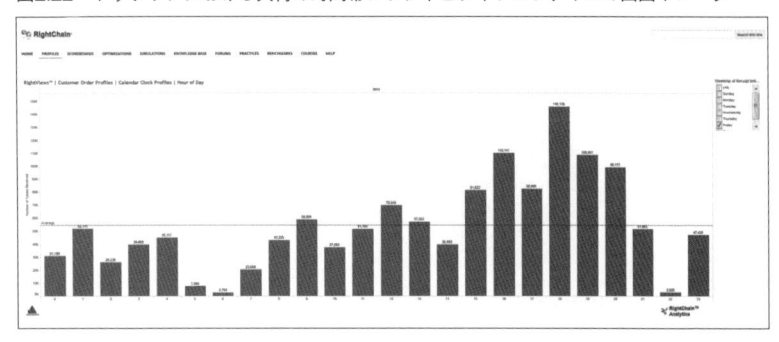

アイテムプロファイル

(1) アイテムアクティビティプロファイル

アイテムアクティビティプロファイルは、主にウェアハウス内でスロッティングする際に活用する。スロッティングとは各アイテムについて、どの保管モードにアイテムを割り付けるか、その保管モード内でどれだけのスペースをこのアイテムに割り付けるか、その保管モード内でどのロケーションに置くか決定することである。

アイテムアクティビティプロファイルには、次の6つが含まれる。

a．出荷頻度プロファイル
b．出荷容積プロファイル
c．出荷頻度-容積プロファイル
d．オーダー完結プロファイル
e．需要相関プロファイル
f．需要変動プロファイル

a．出荷頻度プロファイル

前述のように、ウェアハウス内の少数のアイテムが、大半のピッキング活動

を発生させている。出荷頻度プロファイル（ABC曲線またはパレート分布とも呼ばれる）は、x軸のSKUの割合でy軸のピック件数の割合を発生させることを表している（降順のSKUランクで並べる）。図2.23は、典型的な出荷頻度プロファイルであり、トップ10％のアイテム（Aカテゴリー）が、50％のピッキング活動を発生させ、次の20％のアイテム（Bカテゴリー）と合わせてピッキング活動の80％を、そして残りの70％のアイテム（C、Dカテゴリー）が残り20％のピッキング活動を生み出している。これらのカテゴリーは、3つの異なる保管モードを示唆していると考えられる。Aカテゴリーは、自動化された高い生産性の保管モード、Bカテゴリーは、一部自動化された中間的な生産性のピッキングモード、そしてCカテゴリーは、高い保管密度を持つマニュアルピッキングモードを選択する。カテゴリーの区切り点はまた、保管モード内でのアイテムのロケーションを示唆している。Aアイテムは、ゴールデンゾーン（歩行通路の近く/腰の高さの近く）に置き、Bアイテムはシルバーゾーン、そしてCアイテムは残りのスペースに割り付ける。

図2.23　大手サービスパーツ会社の出荷頻度プロファイル

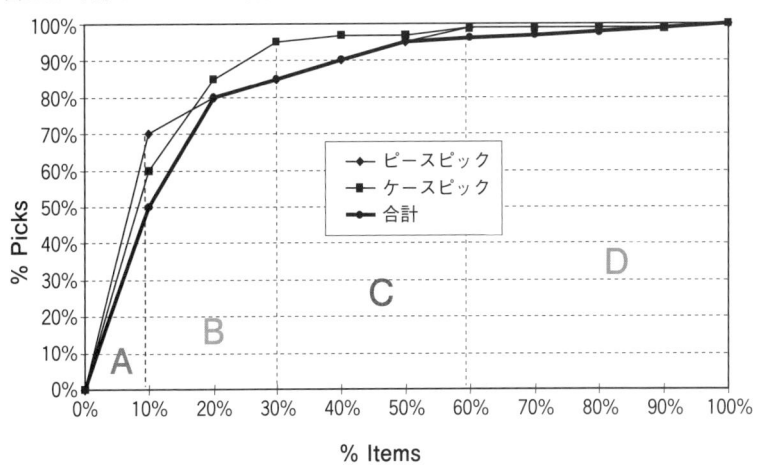

最優先すべき原理原則は、最も人気の高いアイテムを最もアクセスし易いロケーションに割り付けるということである。残念ながら、多くのウェアハウスは、間違った出荷頻度指標を使っている。ある企業は売上を使い、別の企業は活用度を使い、また他の会社はアイテムが要求された回数を使っている。結論

としては、このどれもが間違っている。アイテムの要求件数は、出荷頻度を測る正しい指標であるが、アイテムの保管モードまたは保管モード内のロケーション決定に利用するには十分ではない。アイテムを適正な保管モードに割り付け、その保管モード内でどれだけの面積を与えるかを決定するには、出荷頻度プロファイルと出荷容積プロファイルを使う必要がある。統合化された出荷頻度 - 容積プロファイルに基づいて、適正なスロッティング決定を行うことができる。

b．出荷容積プロファイル

保管モードおよびスペース割り付けの決定において最も良く使われるプロファイルは、出荷容積プロファイルである。この指標は、事前に設定した出荷容積の範囲に入るアイテムの割合を示すものだ。この事前に設定した範囲が、保管モードの選択肢と合致すれば、実質的に保管モードの割り付け問題は解決したことになる。例えば、図2.24では、15％のアイテムは1か月に0.1立方フィート未満しか出荷されていない。これらのアイテムの適正な保管モードは、保管用引き出しまたは固定棚となる可能性が高い。この分布の反対側に、12％のアイテムが1か月に1,000立方フィート以上（ほぼ20パレット）を出荷していることが分かる。これらのアイテムの適正保管モードとしては、平置き、ダブルディープラック、プッシュバックラック、パレットフローラック等が考えられる。

図2.24 大手バルブ会社の出荷頻度プロファイルの画面イメージ

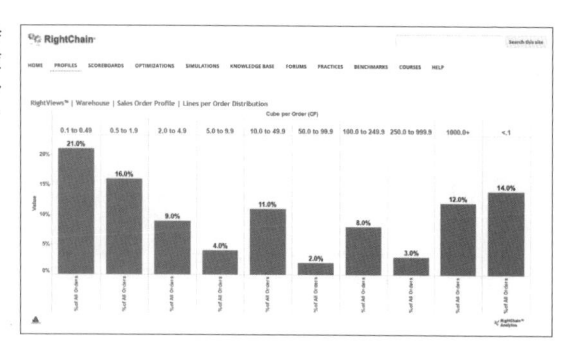

c．出荷頻度 - 容積プロファイル

スロッティングを適切に行うためには、出荷頻度プロファイルと出荷容積プロファイルの両方を同時に考慮することが必要になる。図2.25の事例は、ピースピッキングのための、出荷頻度 - 容積プロファイルである。

庫内データ分析の10原則とプロファイリングの体系　［第 2 章］

図2.25　出荷頻度-容積プロファイル

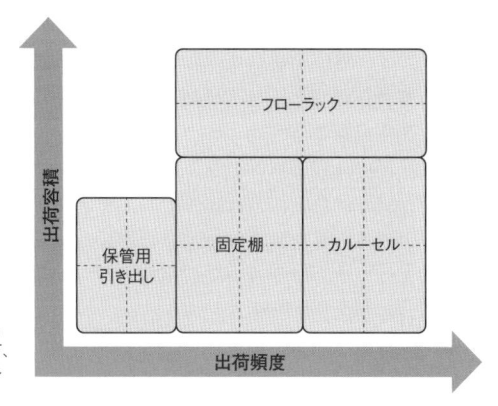

※各保管モードは、点線のように大まかに右上、右下、左下、左上の4つの領域に分けられる

（縦軸：出荷容積　横軸：出荷頻度　領域：フローラック、保管用引き出し、固定棚、カルーセル）

　この事例においては、特定の容積基準値を超えるアイテムは、ケースフローラックに割り付けられる。高い出荷容積を持つアイテムは高回転する商品であり、中から低出荷容積のアイテムより高頻度で在庫補充する必要があり、より大きな保管スペースを必要とする。従って、これらのアイテムはピックラインに沿って、補充しやすく、大きな保管スペースを高い密度で提供できる保管モードが適している。つまりケースフローラックである。出荷容積が小さく、出荷頻度の高いアイテムは、それらが置かれているロケーションの単位面積当たりで多くのピック件数を発生させるため、ピックラインに沿ってそれほど大きな面積を占有しない保管モードが適している。これらのアイテムは、高い生産性を持つピッキングモードを必要とする。この事例の場合、光表示器付きカルーセルが推奨されるが、その理由はピッキング生産性が高く、ピックラインに沿って大きな保管面積を要せず、補充頻度も高くないことが挙げられる（カルーセルは、高頻度の補充には向かず、1立方フィート当たりのスペースコストは高くつく）。低頻度で低容積のアイテムを、高価な保管モードに置くことは、採算性の観点から正当化することは困難である。従って、これらのアイテムは固定棚または保管用引き出しに保管される対象となる。

　保管モードへの割り付けが決まれば、次にこのプロファイルに基づいて、各保管モード内でのロケーションを決定する。各保管モードにおいて右上の領域に分布するアイテムは、その保管モードにおける単位面積当たりのピッキング活動が最も多いアイテムである。よって、これらのアイテムはゴールデンゾーンに割り付けることになる。右下および左上の領域に入るアイテムは、単位面積当たりのピッキング活動は中間的な頻度のアイテムである。従って、これら

のアイテムは、シルバーゾーンに割り付けるべきである。最後に、左下の領域に入るアイテムは、単位面積当たりのピッキング活動は最も低頻度で行われるアイテムであり、これらのアイテムはブロンズゾーン（最もアクセスし難い）に割り付けるべきである。

この事例は、ピースピッキングシステムにおけるスロッティングすべてに適用できるという訳ではない。これ以外にも、賃金、スペースコスト、資本コスト、どれ位先までの計画をするかなど他の多くの要素を検討しなければならない。ただし、スロッティングの際に、出荷頻度-容積プロファイルがどのように活用されているかは見てとれるだろう。

d．オーダー完結プロファイル

オーダー完結プロファイル（図2.26）は、少数のアイテムでオーダーの大部分が完結することを示すものである。これらの少数アイテムは、多くの場合小さなオーダー完結ゾーンに割り付けることにより、通常のウェアハウスに比べて生産性、処理スピード、処理品質が2倍から5倍も上回っている。

図2.26 オーダー完結プロファイルの画面イメージ

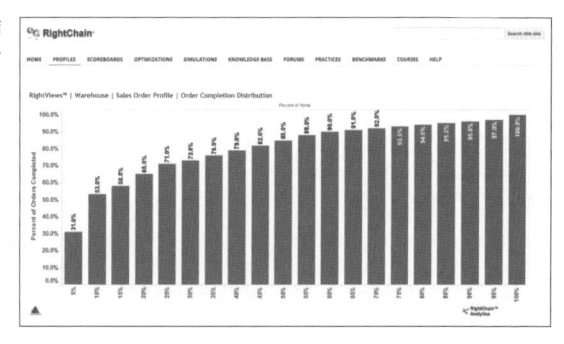

オーダー完結プロファイルは、最も出荷頻度の高いアイテムから低いアイテムへとランキングすることにより構築される。最も出荷頻度の高いアイテムから始め、次に出荷頻度の高いアイテム、3番目に高いアイテムと横に並べていき、これらのアイテムがオーダーのどの程度の割合を満足しているかを捉えていく。この事例の場合、アイテムの10％で、オーダーの53％が完結していることが分かる。いま私があなたのウェアハウスに行って、オーダーの50％を完璧に満足できる10％のアイテムを識別したと仮定しよう。あなたは何をしたら良いだろうか。私は、あなたがこの10％のアイテムによる倉庫内倉庫を構築するか、またはオーダー完結ゾーンを構築することを期待する。

ある大手記録媒体（CD、カセット、ビデオ等）卸企業の最近の事例では、彼らが取り扱う4,000SKUのうちの5%でオーダーの35%を完結していることを発見した。そこで、この5%のアイテムをDCの正面付近にあるケースフローラックの3ベイ（連）に割り付け、1人の作業員に担当させた。この作業員は、フローラックからピッキングし、梱包作業を行った結果、DC全体に比べてほぼ6倍の生産性を達成した。このDCは過去2年間にわたり、業界で最も高い生産性を達成したDCとして表彰されている。

しばしば、オーダー完結の裏には、それを推進する力が存在する。図2.27の事例は、1つのブランドからオーダーする顧客、また図2.28では製品カテゴリー、サプライヤー、サイズ、色、キットなどが表示されている。我々のパターン認識アルゴリズムは、ウェアハウス内におけるオーダー完結ゾーンを作るための機会を認識し、表示させるためのものである。

図2.27　大手食品/飲料メーカーのオーダー完結プロファイルの画面イメージ

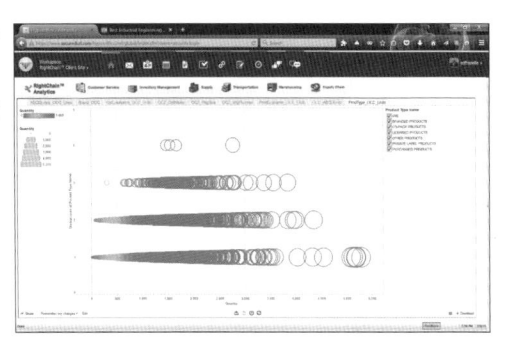

図2.28　大手工業用パーツメーカーのオーダー完結プロファイルの画面イメージ

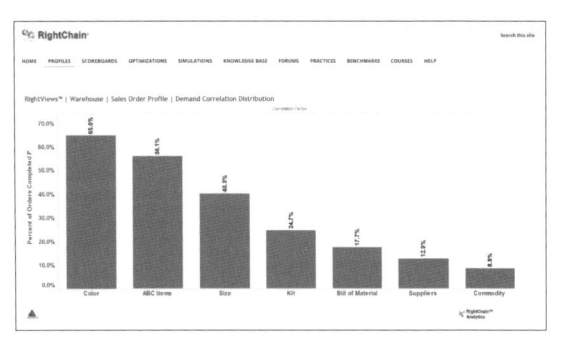

e．需要相関プロファイル

ウェアハウス内の少数のアイテムが、ピッキング活動の大半を生み出しているように、いくつかの特定のアイテムは一緒にオーダーされる傾向がある。

図2.29は、あるオムニチャネルアパレル企業において、2つのアイテムの組み合わせが一緒にオーダーされる頻度でランキングし、共通パターンを見つけ出そうとしたものである。最初の3桁はアイテムのスタイル（クルーネックセーター、Vネックセーター、タートルネックシャツ、プリーツパンツなど）を表しており、中間の1桁はアイテムのサイズ（1 = S、2=M、3=L、4 = XL）、最後の1桁が色（1 = 白、2 = 黒、3 = 赤、4 = 青、5 = 緑など）を表している。

図2.29 大手オムニチャネルアパレル小売業の需要相関プロファイル（スタイル-サイズ-色）

Item Number	Item Number	Pair Frequency
189-2-4	189-2-1	58
493-2-1	493-2-8	45
007-3-3	007-3-2	36
119-2-1	119-2-7	30
999-1-8	999-1-6	22
207-4-2	207-4-4	15
662-1-9	662-1-1	12
339-7-4	879-2-8	9
112-3-8	112-3-4	6

消費者が通販カタログから衣類をオーダーするとき、何を一緒にオーダーするだろうか。私は、カタログの中で組み合わせが良く合うシャツとパンツだろうと考えた。ところが、この図からは、顧客は同じスタイルで同じサイズのアイテムをオーダーする傾向があることが分かる。なぜなら、顧客はある特定のスタイルを好む傾向があり、自身の服装にバラエティを持たせるために、同じスタイルの色違いをオーダーするからだ。つまり、サイズが合うかを確認する以外、顧客は同じサイズをオーダーする。これは私にとって驚きだったのみならず、マーケティング部門の担当者にとっても新たな発見だった。これこそが、プロファイリングを実施する最も重要な理由である。数えきれない程のSKU、オーダーパターン、サプライヤー、そして相互に強く関連する意思決定は、ロジスティクスオペレーションについての信頼できる直感的判断を難しくしている。それでは、どのように需要相関情報をウェアハウスのスロッティングに活かすことができるだろうか。まず最小の相関要素を探し、その要素が基準とな

庫内データ分析の10原則とプロファイリングの体系 ［第2章］

るアイテムカテゴリーを構築する。この事例の場合、それはアイテムのサイズだ。従って、最初にサイズによってウェアハウスをゾーニングする。全スタイルのS、M、L、XLのゾーンを作るのである（図2.30）。そして、各サイズゾーンの中で、同じスタイルで色違いのアイテムを一緒に保管するのだ。このゾーニング戦略は、サイズとスタイルを基準にピッキングすることを可能にする。結果として、オーダーピッカーは、短い距離で多くのアイテムをピックできる。同時に、サイズをウェアハウス内に分散させることによって、渋滞緩和も可能になる。最後にゴールデンゾーニングを適用し、各スタイルの最も人気のある色をピッカーの腰の高さに保管する。

図2.30 大手オムニチャネルアパレル小売業のスロッティング最適化の画面イメージ

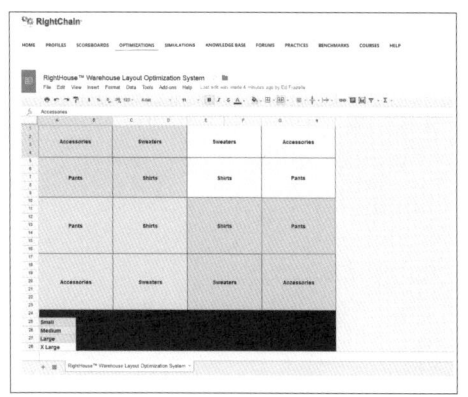

f．需要変動プロファイル

需要変動プロファイル（図2.31）は、各アイテムの日々の需要の標準偏差を表している。残念ながら、あるアイテムの日々の需要は、予測し難い。最近行ったプロジェクトで、ケースピッキングラインに沿ったピックフェースのサイズを、毎日の需要に相当する在庫を持つように決定しようとした。この目的は、1日の途中で在庫補充をしなくて済むというところにある。現行の設計では、ピックフェースのサイズが毎日の平均需要に合わせて決められていたが、このクライアント企業はなぜ1日の途中で、非常に多くのロケーションに補充しなければならないのか理解できていなかったのである。もしピックフェースのサイズを平均需要を基に決定していたら、毎日必ず同じ量がピッキングされなければ、多くの日にピックフェースは過剰な大きさであり、あるいはピックフェースは小さ過ぎるということになり、多くの補充が必要となるのだ。需要変動を

59

図2.31　大手テキスタイル会社の需要変動プロファイルの画面イメージ

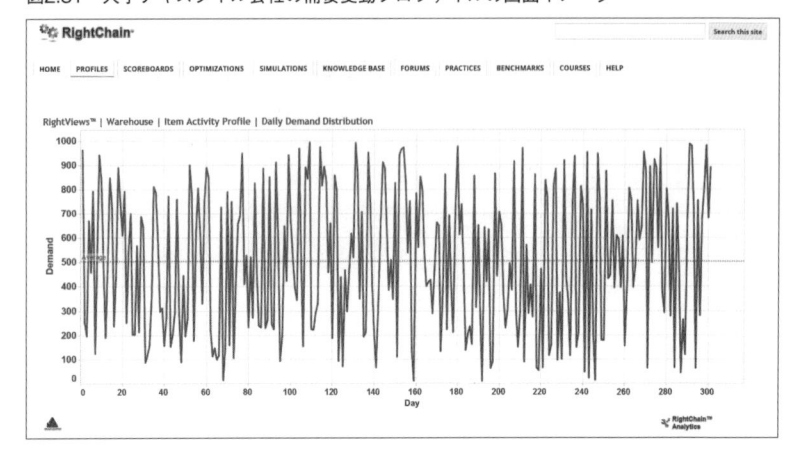

吸収するピックフェースのサイズが確定すれば、ピックシフトの最中の補充作業はほぼ排除することができる。

(2) 在庫プロファイル

在庫プロファイルは、在庫管理の改善機会を発見するためのアイテムカテゴリー在庫プロファイル、そして保管モードの決定に使用される在庫荷姿（パレット／ケースなど）プロファイルを含む。

a．アイテムカテゴリー在庫プロファイル

私にはたくさんの電話が掛かってくるが、多くはウェアハウスのスペースが不足しているという愚痴で始まる。ところがそのほとんどは、スペースが足りないのではなく、在庫が多すぎることが問題なのである。アイテムカテゴリー在庫プロファイルは、オンハンド在庫量をアイテムの出荷頻度別に表示するものである。このプロファイルは、在庫問題の原因を可視化することで問題の重大さを伝え、"問題のあるアイテム"の検討を促すことができる。

図2.32の事例の場合、Cアイテムは在庫から排除されるべきである。この事例では、Aアイテムの在庫が売上に対して小さすぎるのに対し、Cアイテムの在庫は大きすぎるのである。問題は、社内で在庫アイテムを継続的に見直す仕組みが無いことである。

多くの場合、ウェアハウスはCアイテムを保管することが必要とされている。例えば、サービスパーツ業界では、最大5年、10年、時には20年間、特定の

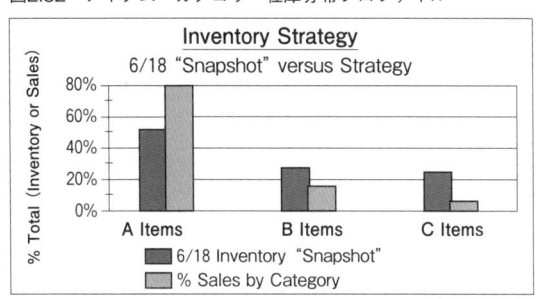

庫内データ分析の10原則とプロファイリングの体系　**[第2章]**

図2.32　アイテム-カテゴリー在庫分布プロファイル

Inventory Strategy
6/18 "Snapshot" versus Strategy

（グラフ：% Total (Inventory or Sales)）
- A Items：6/18 Inventory "Snapshot" 約52%、% Sales by Category 約80%
- B Items：6/18 Inventory "Snapshot" 約28%、% Sales by Category 約15%
- C Items：6/18 Inventory "Snapshot" 約25%、% Sales by Category 約7%

モデルのパーツを在庫しなければならない。また小売業界の場合、一部の重要なCアイテムが、AおよびBアイテムの売上を伸ばすことがある。最近、食品小売業で行ったあるプロジェクトで、ある担当者が会長に対して、Cアイテムを排除するよう提案した。それに対する結果がどうなったか考えてみよう。自宅の台所の棚に補充するために、毎週行くスーパーマーケットで何アイテム購入するだろうか。例えば、50アイテム買うとしよう。この場合、高い確率で、その中に1つはCアイテムが含まれている。なぜあなたはそのスーパーマーケットに行ったのだろうか。おそらくそのCアイテムを購入するために、その店に行ったのだ。そうでなければ、あなたはウェアハウスストア（アイテムを絞り込んで低価格で大量販売する業態）に行って買い物をすることもできたはずだ。

Cアイテムをカットすることができない場合でも、少なくともそのアイテム保管方法やピッキング方法を効率的にすることはできる。スペースを節約するために、Cアイテムは保管密度の高い、背の高いラックまたは2段目または3段目のメザニン階に保管することができる。同時に高い生産性を達成するためには、ピックラインに沿って専用のロケーションを設け、Cアイテムをバッチピックし、その後自動仕分けシステムでオーダー別に仕分けをするのである。

b．在庫荷姿プロファイル

アイテムカテゴリー在庫プロファイルは、保管モードの選定にはそれほど有用ではないが、その理由は情報がマテハン用語で表示されないからである（例えば、パレット、ケース、バラ等）。これは、庫内運用を計画する上で、ほとんどの企業データに共通する問題である。つまり、データが金額、重量、個数、供給日数、回転数などで表示されているのだ。こうしたデータは、ビジネスを計画する際には有用であるが、庫内運用を計画・管理する上では、問題がある。

図2.33 大手ヘルスケア企業の在庫荷姿プロファイルの画面イメージ

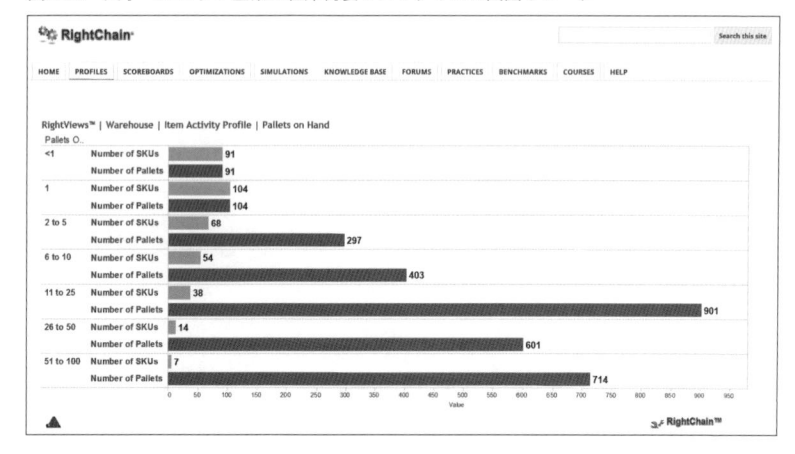

これがプロファイルを実行する、もう1つの理由である。つまり、庫内運用管理者や設計者に対し、ウェアハウスの活動を彼らが使っている用語で表示すべきなのである。

事例（図2.33）では、オンハンド在庫を表すアイテムカテゴリー在庫プロファイルを商品のパレット数で表している。結果として、我々はパレット保管モードの適正な組み合わせを提案することができたのだ。例えば、パレット未満のオンハンド在庫91SKUは、おそらく中量棚または軽量棚に保管するのが良い。1パレット分のオンハンド在庫104SKUは、シングルディープのパレットラックに保管するのが良い。2から5パレット分のオンハンド在庫である68SKUは、ダブルディープまたはプッシュバックラックに保管すべきである。残りの6パレット以上の在庫を持つSKUは、おそらくブロック割りした平置き、ドライブイン/ドライブスルーラック、またはパレットフローラックに置くべきだろう。

3 サマリー

もしウェアハウス・アクティビティプロファイルが適正に構築され、提示さ

図2.34 設計変更のコストvs.プロジェクトライフサイクル

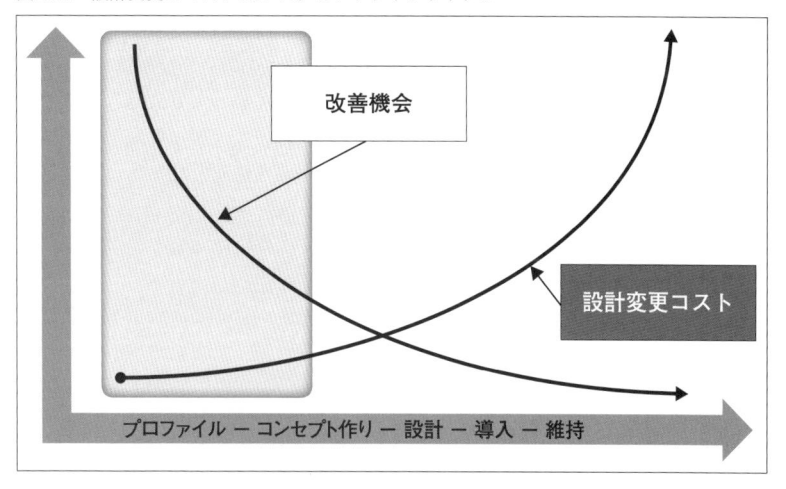

(図：縦軸に改善機会と設計変更コスト、横軸に「プロファイル — コンセプト作り — 設計 — 導入 — 維持」のプロジェクトライフサイクルを示すグラフ。改善機会は右下がり、設計変更コストは右上がりの曲線)

れるならば、ウェアハウスの計画および設計においては、直ぐにプロファイリングに着手すべきである。経験豊富な専門家が実施する徹底したプロファイルは正確なウェアハウスのコンセプトを最短わずか半日で完成させることができる。

プロファイリングは、長時間にわたるハードワークが求められるというイメージがある。そして、その認識は間違っていない。ただし、それはウェアハウスの正確な計画と設計を保証するために必要な作業なのだ。多くのクライアント企業は、プロジェクトのプロファイリング段階の単純作業に苛立ちを覚え、早く創造的な設計段階に進みたいと熱望する傾向にある。そして、ひとたびプロファイルが完了すると、そのプロファイルから直ぐに設計のアイデアが生まれるために、彼らはしばしば拍子抜けする感覚に襲われるのである。

しかし、覚えておいて欲しいのは、プロジェクトライフサイクル（プロファイル-コンセプト作り-設計-導入-維持）において、このプロファイリングとコンセプト作りの段階だけが、低コストで設計変更が可能であり、改善機会も他のどの段階よりも大きいということだ（図2.34）。これらの段階を離れる際、徹底的かつ客観的な代替案の検討に基づいて適切な計画と設計決定をしたことに、絶対的な自信を持たなければならない。あとからこの時を振り返り、ああすれば良かったと後悔するようなら、プロファイリング段階で我慢しきれなかったことに対し高い代償を払うことになる。

最後に、いくつか悪いニュースを伝えなければならない。それはアクティビティプロファイルを実施したとしても直ぐに、その内容は変化するということだ。一度始めたら、プロファイリングに終わりはない。また、一度始めたら、ウェアハウス・アクティビティプロファイリングは決して終わらせるべきではない。世界トップクラスのWMSは、ウェアハウスの問題を継続的に解決するためのウェアハウス・アクティビティプロファイリング機能を有している。

投資プロファイル

　投資プロファイルは設計および投資決定をするために必要なコストおよび運用のパラメータを提供するものである。このプロファイルには以下が含まれる。

- 賃金レート（1時間当たりの金額）
- スペースコスト（1平方フィート当たりの1年間の金額）
- 資本コスト（年率％）
- 要求されるROIまたは返済期間（％または年）
- 1年間の仕事日数（日数）
- 何年先まで計画（年数）

　設計および投資決定は、投資プロファイルに大きく依存している。例えば、自動車業界においては、ウェアハウス作業員が、1時間当たり30ドル以上の賃金をもらっていることも珍しくない。こうした環境においては、1時間に7ドルから12ドルの賃金で働く非組合員が働く業界よりも、高度な自動化システムの導入を正当化するのははるかに簡単だ。スペースコストが1平方フィート当たり年間20ドルから50ドルの市場においては、スペースコストが1平方フィート当たり年間2.25ドルの地域（最近私たちはこの環境でプロジェクトを実施した）よりも、密度の高い保管システム（垂直カルーセル、メザニン、保管用引き出し、自動倉庫）を正当化するのは、はるかに容易である。また資本コストが小さい時（2％から5％）、要求されるROIが小さい時（7％から12％）、そして返済期間が長い時（3年から5年）には、高度な自動化システムを導入し易い（アメリカ国内ではこうした状況を経験することは稀である。こうした投資を経済的に正当化できる状況は、日本や一部ヨーロッパにおいてより顕著である。このことが、日本や一部ヨーロッパで、ウェアハウジングにおける高度な自動化が進んでいる理由である）。

Chapter **3** 第 章

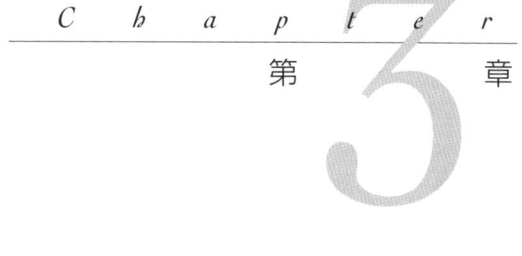

RightScores™ パフォーマンス管理の7原則と KPIの体系

本章の提供するRightScores™手法では、ウェアハウスを評価する指標として、企業の主な競争領域である財務、生産性、活用率、品質、サイクルタイムに関連する指標を選定する。さらに企業は、働きがいのある職場（Great Place to Work）を提供し、顧客に対して優れた顧客サービスを提供し、さらに株主に対してはリスクとの相関で優れたリターンを提供する責任がある。たとえ自社運営であっても、ウェアハウスはそれを専業とする3PL企業と競争しており、選定したウェアハウスパフォーマンス指標に対する責任を負わせることは重要である。もしウェアハウスを自社運営する企業が、3PL企業と競争する能力を持っていない場合、自社運営することの正当性を問い直す必要がある。

　これに反した状況として、稀ではあるが、自社運営が世界トップクラスのオペレーションである場合、そのウェアハウスオペレーションを、自社と同業または他業界に対し、利益を生みだす3PL事業に転換する機会が生まれる。ある電気通信会社は、非常に優れたロジスティクスオペレーションを展開していたために、3PL子会社を作り、同じ業界に対してサービスを提供するようになっている。

1 パフォーマンス管理の7原則

　RightScores™は、我々が提供するパフォーマンス指標モデルである。このモデルは、パフォーマンス指標の7つの重要な原理原則に基づいて開発されている。以下、これらの原理原則について解説し、それらをウェアハウジングに適用していく。

サーバント・リーダーシップ

　RightScores™モデルの核心は、サービスにある。我々RightChain®のモデルは、従業員に対しては、働きがいのある職場を提供し、顧客に対しては、優れた顧客サービスを提供し、さらに株主に対しては、優れた財務パフォーマンスおよびリスクに比べて高いリターンを提供することを後押しするものである。従ってRightScores™指標は、3つの側面で機能する。従業員に関する指標、顧客に関する指標、そして株主に関する指標である。

　従業員に関連する指標は、安全性と定着率など、顧客関連の指標は、精度、

ウェアハウスの各活動を包括する

サプライチェーンにおける、もの、情報、金の流れは、生産、調達、インバウンド輸配送、ウェアハウジング、アウトバウンド輸配送、顧客への配送を通して、サプライヤーと顧客を結びつける（図3.1）。ウェアハウジングにおける流れは通常、入荷から、格納、保管、ピッキング、そして出荷への動きとなる。これら一連の活動の流れは、我々のRightHouse™スコアボードにおける、指標の枠組みの構成要素となっている（図3.2）。

RYG

最近、米国陸軍のために、ウェアハウスパフォーマンスおよびオペレーションの評価を行った。彼らは、我々が提供する評価そのものについてはすべて満足したが、「RYG」の表現に不満だった。実を言うと、私はこの略語が彼らにとって何を意味するのか分からなかったため、質問したところ、「RYG」は赤、黄、緑のことであり、軍の指標のための重要な表現方法であるという説明を受けた。さらに踏み込んで質問すると、軍人は戦場ではほとんど眠らず、空腹で、さらに銃弾が飛び交う中で、良し悪しを判断しようとしているのだと説明してくれた。こうした環境下で、迅速に正しい判断を下すためには、OK（緑）なのか、問題あり（赤）なのか、それともどちらとも言えない状況（黄）なのかが、すぐに判断できることが重要なのである。

良い傾向か悪い傾向か

改善もしくは悪化の傾向を示す記号は、指標を表現する機能として役立つものである。矢印が示す方向でその傾向を表現している。

深掘りする

サプライチェーンにあるすべてのウェアハウスから特定のウェアハウスへ、特定のウェアハウスから特定の活動へ、特定の活動の中の特定の作業員へと掘り下げていく必要がある。またそれは、月毎、ロケーション毎、チャネル毎に行われなければならない。

業務を完璧に実施する

ウェアハウスのパフォーマンスはその実践を反映するものである。そこで、RightHouse™スコアボードにおいては、ウェアハウスの各活動の得点を提示している（図3.2）。

総合評価する

活動ごとの数値を足したり、掛けたりすることでウェアハウス全体のパフォーマンスを表示する。

図3.1 RightChain® スコアボードの画面イメージ

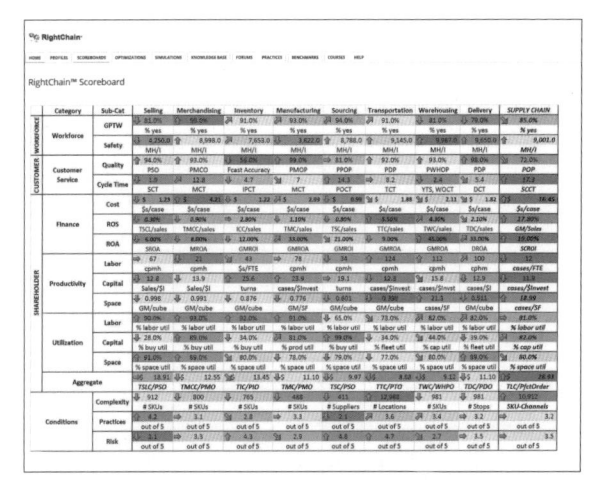

図3.2 RightHouse™ スコアボードの画面イメージ

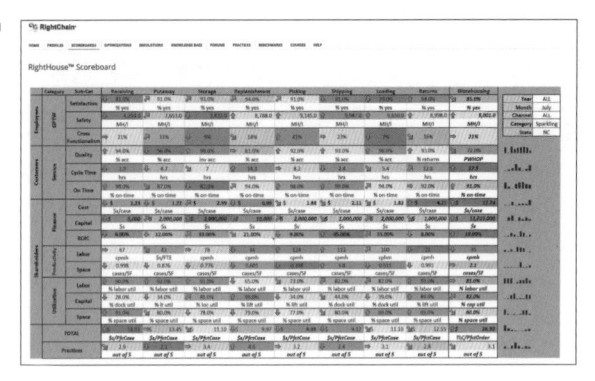

パフォーマンス管理の7原則とKPIの体系　[第3章]

2　労働力関連の指標：働きがいのある職場

　RightScores™モデルの最も重要な機能のひとつは、作業員に働きがいのある職場を提供し、やる気を与え、働き易くすることにある。
　働きがいのある職場は多くの場合、安全であり、機能横断的に運営され、作業員とスーパーバイザーの比率が適正であり、それらが能力の高い作業員の定着率の高さによって証明されるのである。

安全性

　従業員が仕事を辞めるのは主に、職場が安全でないと感じるときと、自分が過小評価されていると判断したときである。施設や設備の安全対策は、会社が庫内作業員に対して提供すべき最も基本的なウェアハウスの機能である。ウェアハウスの安全性を測る2つの非常にシンプルな指標は、事故から事故までの人時数と事故から事故までの期間である。我々は、各ウェアハウス活動およびウェアハウス全体に関して、この両方の指標を推奨している。

クロスファンクション

　従業員がウェアハウスでの仕事を辞めるもう1つの理由は、反復作業による退屈さと事故である。複数の業務を行う資格を与え、作業員を教育し、モチベーションを与えることで、退屈さと反復作業の苦痛は軽減され、庫内全体の要員配置もしやすくなる。クロスファンクションの度合いは、各エリアで複数の業務のトレーニングを受けた作業者の割合で表すことができる。

作業員とスーパーバイザーの比率

　数年前、ビジネスの流行語として"自律的作業チーム"と呼ばれる馬鹿げたアイデアが広がり始めた。このアイデアの導入後、直ぐにこうしたチームに対しても、指示が必要になることとなった。この話を持ち出したのは、いかなる活動にもある適正レベルの指示が必要であり、その中にはウェアハウスの活動も含まれているからである。これまでのベンチマーキング調査から、全体の作業員とスーパーバイザーの比率が1対8から1対12の間にある場合、高いパフォーマンスを生み出していることが分かっている。

従業員定着率

ウェアハウスマネージャーの関心事に関する調査で、常に上位にくる2つの重要課題が、従業員の定着率と高齢化である（図3.3）。

従業員の定着率がウェアハウスにおける生産性と品質に与える影響を過小評価すべきではない。最新の調査において、従業員離職率とウェアハウスの総合品質指標（WQI™）には極めて強い相関関係があることが明らかになったのだ。高いパフォーマンスを達成する作業員の維持は、世界トップクラスの庫内作業に共通する成功要因なのである（図3.4）。

図3.3 ウェアハウスマネージャーの労働力に関する主要な関心事（%）

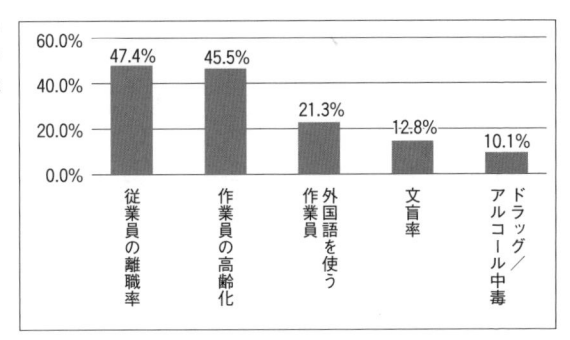

項目	割合
従業員の離職率	47.4%
作業員の高齢化	45.5%
外国語を使う作業員	21.3%
文盲率	12.8%
ドラッグ／アルコール中毒	10.1%

図3.4 従業員離職率 vs. WQI（Warehouse Quality Index™）

※WQI™とは在庫精度と出荷精度を掛け合わせて得られる値で、総合的なウェアハウスの品質パフォーマンスを表す指標の1つである

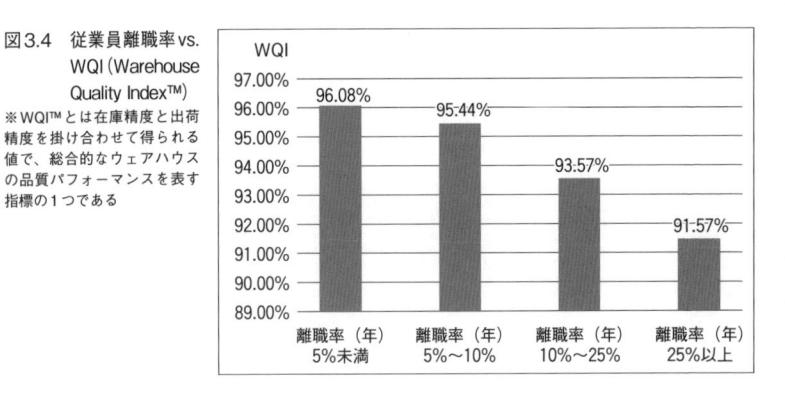

離職率（年）	WQI
5%未満	96.08%
5%～10%	95.44%
10%～25%	93.57%
25%以上	91.57%

パフォーマンス管理の7原則とKPIの体系　[第3章]

3　顧客関連の指標

ウェアハウスにとっての究極的なサービス目標は、商品を顧客に対し、タイムリーに、そして完璧な精度と高い充足率で提供することである。

精度

RightHouse™スコアボード（図3.5）は、ウェアハウスの各活動に対し、少なくとも1つの精度指標をモニターすることを推奨している。ここでは、それらのうち4つの精度指標について解説している。2つはインバウンド関連指標であり、残りの2つがアウトバウンド関連指標である。

図3.5　ウェアハウス精度スコアボードの画面イメージ

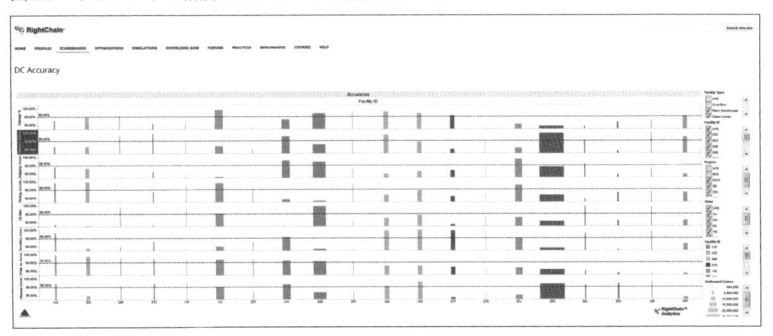

(1) インバウンド精度

インバウンド精度は、良くも悪くも、ウェアハウスのアウトバウンド精度に影響を及ぼす。我々は次の2つのインバウンド精度指標を推奨している。格納精度と在庫精度である。

格納精度は、全格納トランザクション件数のうち、正しく格納された割合（%）を測定するものである。格納ロケーションはシステムにより指示されるが、格納が不正確な場合、修正することは不可能ではないが非常に難しい。

ウェアハウス在庫精度とは、システムに記録されている在庫ロケーションと実際に在庫されているロケーションの比率により測定される。高い在庫精度は、高い格納精度、ABCサイクルカウント（循環棚卸）、整理整頓、リアルタイム

トランザクションにより達成される。ウェアハウス在庫精度が低い場合、サプライチェーン内の信頼性が損なわれる。在庫戦略の基礎となる数値の信頼性が高くなければ、適切に在庫戦略を実行することはできないのだ。

(2) アウトバウンド精度

本書に示すRightHouse™スコアボードでは、ピッキング精度と出荷精度の2つのアウトバウンド精度のモニタリングを推奨している（図3.6）。ピッキング精度はピッキングした全オーダー行数のうち、正しいSKUで正しい数量がピッキングされた割合を示す。出荷精度は出荷したオーダー行数のうち、正しいSKUで正しい数量が出荷された割合を示す。アメリカのクライアント企業の中で、最高のパフォーマンスを達成する企業の出荷精度は、99.97％である。それに対して、日本のクライアント企業の中で、最高の出荷精度は99.997％でありその差は非常に大きい。この差を学びこの差を縮めることの緊急性を認識することこそ、外部的ベンチマーキングが提供する最大の価値である。

図3.6　RightHouse™スコアボードの精度パフォーマンスの画面イメージ
※ピッキング精度はX（横）軸側に示されている。出荷精度はY（縦）軸側に示されている。○はそれぞれサプライチェーンネットワーク内のDCを表している。○の大きさはDCのトランザクションのボリュームを表す

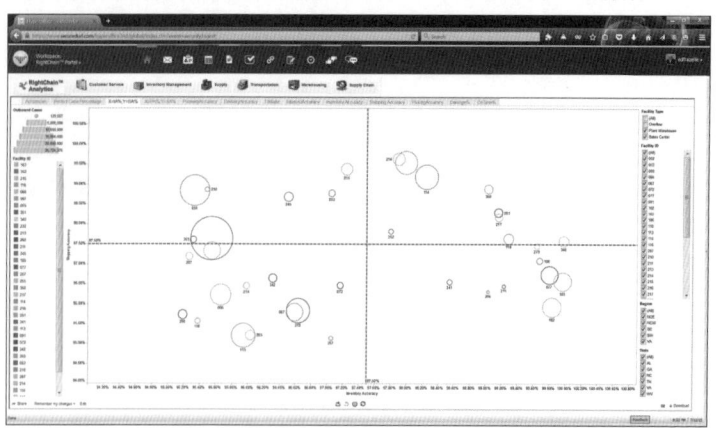

ダメージ

正確なオーダーが、正しいロケーションにオンタイムで到着したとしても、何らかの形で破損していた場合、生産およびロジスティクスの世界では、それ

パフォーマンス管理の7原則とKPIの体系 [第3章]

図3.7 RightHouse™スコアボードのダメージパフォーマンス分析の画面イメージ

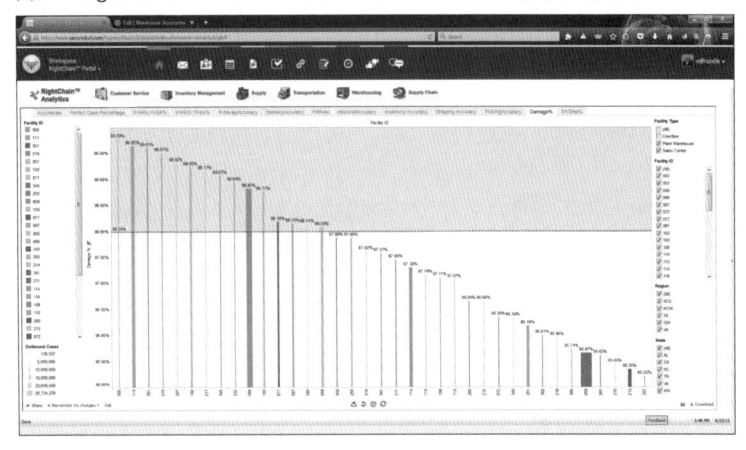

は無価値になってしまう。そこで、RightHouse™スコアボードでは、それぞれの庫内活動におけるダメージ率と庫内全体のダメージ率をモニターすることを推奨している（図3.7）。

オンタイム

RightHouse™スコアボードでは、3つの主要なオンタイムパフォーマンス指

図3.8 RightHouse™スコアボードのオンタイムパフォーマンス分析の画面イメージ

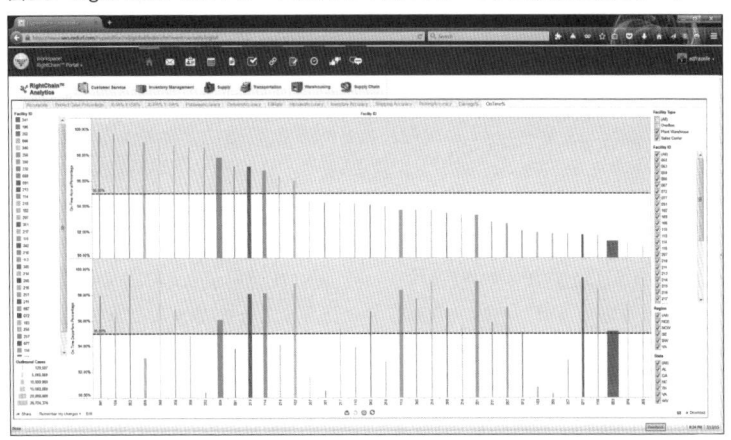

標をモニターする（図3.8）。サプライヤーからのオンタイム到着率、オンタイム格納率、オンタイム出発率、である。サプライヤーオンタイム到着率は、インバウンド製品がオンタイムで到着した割合として測定される。もしサプライヤーからの到着が遅れた場合、ウェアハウスまたはサプライチェーン全体のオンタイム率を維持することは難しくなる。オンタイム格納率は、格納した全行数のうち、オンタイムで実行された割合として測定される。ここでも、もしオンタイム格納が遅れた場合、ウェアハウス全体のオンタイム精度を維持することが難しくなる。最後に、オンタイム出発率はウェアハウスをオンタイムで出発した荷物の割合を捉えたものである。

サイクルタイム

RightHouse™スコアボードには、2つのサイクルタイム指標が含まれる。ドックツーストックタイム（DTS）とウェアハウスオーダーサイクルタイム（WOCT）の2つである。ドックツーストックタイムは、商品がウェアハウスに到着した時点から、それがピッキングまたは出荷ができる状態になるまでの経過時間を言う。ウェアハウスオーダーサイクルタイムとは、ウェアハウス内に出荷指示が出された時点から、それがピッキングされ、梱包され、出荷準備ができた時点までの経過時間を指す。

数年前、ある大手アパレル小売業のサプライチェーン戦略を支援するよう依頼され、まず、この会社の主要なDCを見学した。この時、特に目についたのがドックが商品で一杯になっていることであった。そこで、ドックツーストックタイムについて質問すると、案内してくれたマネージャーは誇らしげに96時間だと答えた。これまでのベンチマーキング調査結果から、通常DTSは24時間であり、8時間なら平均以上、さらに数時間なら世界のトップクラスだと伝えた。このマネージャーはやや守勢になり、過去にDTSを短縮するためにシステムを検討したが、受け入れられるレベルまでROIを改善することはできなかったと答えた。次に、ドックに置かれている在庫について質問したところ、800万ドル分の在庫であった。さらに、サイクルタイムを24時間に短縮するためのマテハンシステムに対する、マテハンメーカーからの見積額について質問した。それは200万ドル程度であった。そこで素早く次のような計算をし、DTSを75％短縮すれば、在庫を600万ドル減らすことができることを示した。「200万ドル使って、在庫を600万ドル減らす、または在庫維持レートを33％として年間在庫維持コストを200万ドル減らすことは意味のあることではないか」と指摘したところ、このマネージャーはこれまで労働力の削減のみに基づ

いてROIを計算しており、在庫の低減については考慮していなかったことを認めたのである。

このような見直しを行ったことで、同社は全米で最も成功したサプライチェーン戦略の導入に成功したのである。

4 株主関連の指標

本書で推奨する株主関連の指標は、コスト、生産性、そして活用率である。

ウェアハウスコストパフォーマンス

ウェアハウスを運営するためのコストの主要なカテゴリーは、労働力、スペース、マテハン設備、WMS（倉庫管理システム）である。これらの合計コストの売上に対する割合は多くの企業で通常2%から5%となる。

これらのコストは、ウェアハウス活動基準原価計算に基づき、ウェアハウスの全活動に跨って分析するのが理想的である。

図3.9は、RightHouse™スコアボードのウェアハウス活動基準原価計算の考え方を示したものである。

図3.10の事例では、ウェアハウスにおける各活動（入荷、格納、保管、ピック、出荷そしてトータル）のコスト項目が設定されている。この各活動のトータルコストは、3PL企業の提案に対する比較評価、予算作成、改善測定、そして庫内サービスメニューの価格設定のための基準となる。

ウェアハウス活動基準原価計算から、ウェアハウス内のコストの大半が人件費であり、アウトバウンド活動がウェアハウスの活動コストの大半を占めていることが明らかになることは珍しくない（図3.11、図3.12）。その理由は、1パレットを格納した場合、そのパレットに載っている商品を減らすためには多くのケースピッキングが必要であり、また1ケースを格納した場合、そのケースに入っている商品を減らすためには多くのピースピッキングが必要なためである。

図3.9 RightHouse™活動基準原価計算は、人件費、スペース、システム、備品／消耗品、外部支払料金等を、各ウェアハウス活動に割り付けるものである。活動コストはその後、製品ラインまたは事業部に割り付けられる

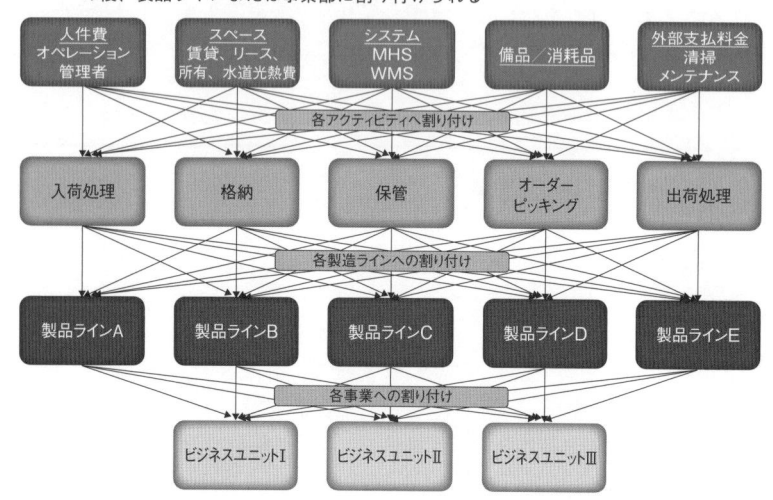

図3.10 RightHouse™活動基準原価計算の画面イメージ

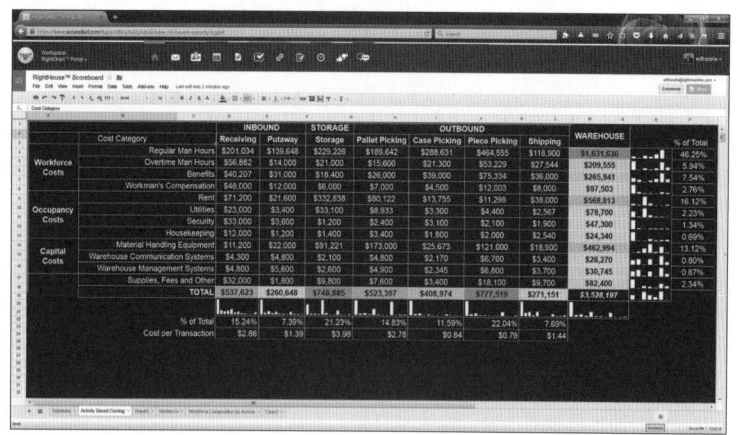

パフォーマンス管理の7原則とKPIの体系 [第3章]

図3.11 典型的なウェアハウスコストのコストカテゴリー別の分布

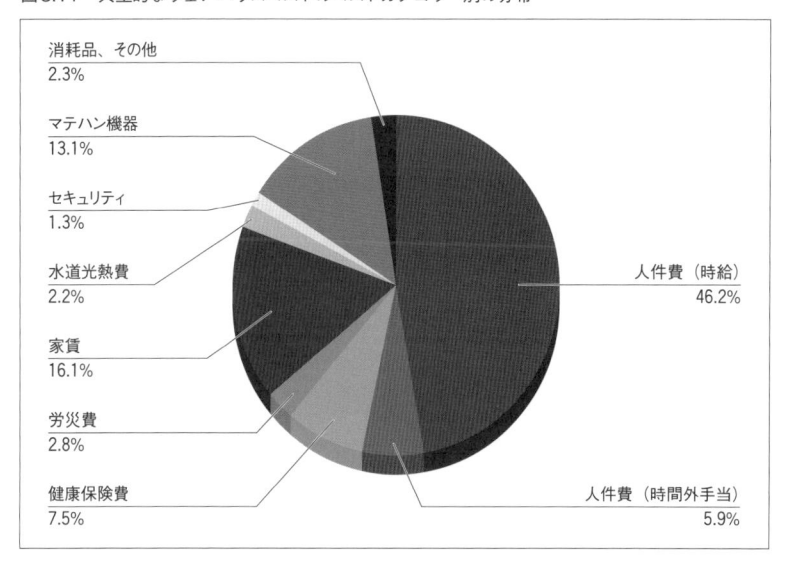

- 消耗品、その他 2.3%
- マテハン機器 13.1%
- セキュリティ 1.3%
- 水道光熱費 2.2%
- 家賃 16.1%
- 労災費 2.8%
- 健康保険費 7.5%
- 人件費（時給） 46.2%
- 人件費（時間外手当） 5.9%

図3.12 典型的なウェアハウスコストの活動別の分布

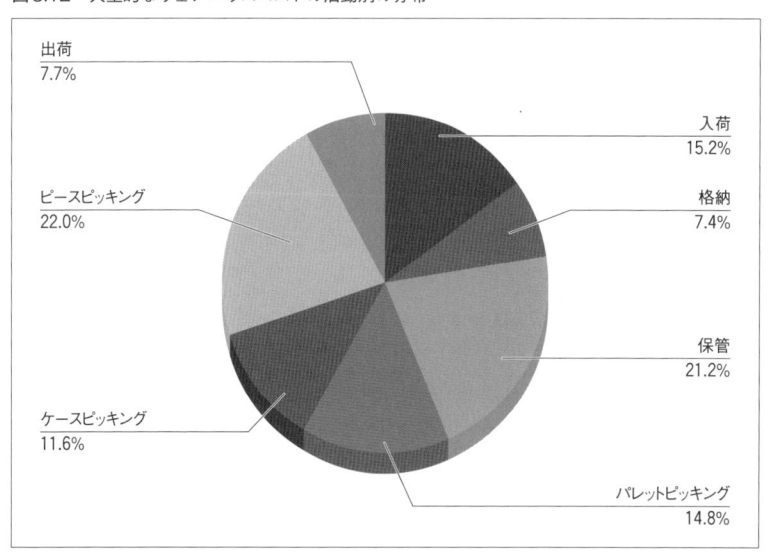

- 出荷 7.7%
- ピースピッキング 22.0%
- ケースピッキング 11.6%
- 入荷 15.2%
- 格納 7.4%
- 保管 21.2%
- パレットピッキング 14.8%

77

ウェアハウス生産性パフォーマンス

ウェアハウスパフォーマンス指標の中で、最も普及している伝統的なものは生産性指標である（図3.13）。生産性とは、企業や組織がアウトプットを達成するために消費するリソースとアウトプットの比率である。我々はクライアントに対し、ウェアハウス内の主要なリソース（労働力、スペース、マテハンシステム、WMS）に関する、生産性と活用率をモニターするように推奨している。通常、労働生産性はある一定期間における庫内業務/現場監督/管理に投入した労働時間に対する、ウェアハウスからの出荷個数/オーダー数/行数、または重量の比率を、1人時当たりの数値として表現する。また、全体のスペース生産性については、ウェアハウスの床面積に対する在庫保管能力の割合である保管密度として表す。通常1平方フィート当たりの、在庫金額、容積、個数、または在庫ロケーション数である。

図3.13 RightHouse™ スコアボードの施設生産性の画面イメージ

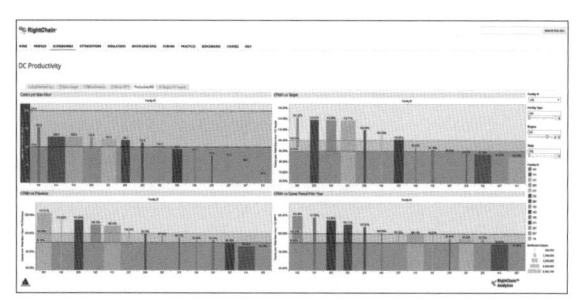

ウェアハウスリソース活用率

リソースの"生産性"がアウトプットに対するリソースの比率で表されるのに対し、リソースの"活用率"はリソースのキャパシティに対する実際に消費したリソースの比率で表す（図3.14）。典型的なウェアハウスリソース活用率指標の1つは、労働力活用率である。これは通常、1時間当たりの推定最大ハンドリング個数に対する、実際に処理した1時間当たりの個数（ウェアハウス全体または特定の活動）の比率で表す。もう1つの良く使われる活用率指標は、保管ロケーション活用率であり、これはウェアハウス内の総ロケーション数に対する、実際に使われているロケーション数の比率で表される。また、ウェアハウスの容積活用率を測定することも同様に重要であり、これはウェアハウス内の利用可能な総容積に対する、実際に使われている容積の比率で表す。生産

パフォーマンス管理の7原則とKPIの体系　[第3章]

性と活用率の大きな違いは、生産性は常に最大化を目指すのに対し、活用率には適正な上限が存在する。例えば、保管密度（1平方フィート当たりの使用可能な保管ロケーション数）は常に最大化したいと考えるが、実用的には保管面積の活用率は70％から90％の間で維持するのが理想的である。その理由は、保管ロケーション活用率が90％以上になると、生産性の低下を招き、安全性の問題を引き起こすからである。また活用率が70％を切るということは、保管能力が過剰であることを示唆している。

図3.14　RightHouse™スコアボードの活用率の画面イメージ

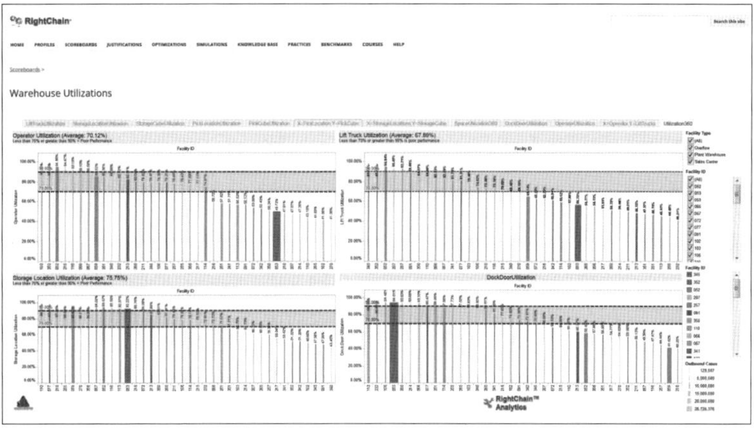

保管スペース活用率は、適正な在庫管理の遂行を支援するものである。ホンダとのプロジェクトにおいて、当初保管スペース活用率は98％を超えていた。新しいWMSを導入する際、同社のウェアハウスはいずれも満杯状態であり、製品を動かすスペースもなく、システムを導入するためのラベルの変更や棚のレイアウト変更に必要なスペースを見つけることもできない状態であった。従って、まずWMSの導入を延期し、保管スペース活用率を多くのウェアハウスにとってあるべき上限である85％に変更するよう提案した。それに対し、過剰な在庫をどうすべきかという質問を受けたが、半分冗談のつもりで、スペースコストの非常に安い遠隔地にウェアハウスを賃借してはどうかと提案した。85％以上の保管スペース活用率の原因となるすべての製品を、この遠隔地のウェアハウスに集約し、85％の活用率が達成されたら、初めて新しいWMSを導入すべきだと提案したのである。

後日、同社が本当にその提案を受け入れたと知って少し驚いた。この遠隔地のウェアハウスは、50万平方フィート以上の規模を持っていた。同社の社長は、毎月の賃借料の請求書に対する支払いをし、そこに社員を派遣してオペレーションの視察をさせた。こうすることで、このウェアハウスに保管されている製品が、同社の予測システムにより生み出された過剰な安全在庫であることを社員全員に認識させたのである。従来、この過剰在庫は複数のDCに保管されていたが、それらをこの遠隔地のウェアハウスに移動することで、彼らの在庫計画がどの程度の過剰安全在庫を生み出しているのかを認識させ、実感させたのだ。こうした状況の可視化と3PL企業からの請求書が、より精度の高い予測プロセスおよびシステムの作り直しへのモチベーションとなったわけである。

5 ウェアハウスパフォーマンスギャップ分析

　ウェアハウスパフォーマンスギャップ分析（図3.15）という形で、KPIについてクライアント企業の評価を行い、その企業の現状と世界トップクラスとの間のギャップを明らかにするとともに、さらにこのギャップを埋めた場合の達成可能なコスト削減について提示することが有効である。図3.15のそれぞれの頂点は、オペレーションのKPIを示す。外周の線は、世界トップクラスのパフォーマンスを表している。

図3.15　ウェアハウスパフォーマンスギャップ分析の事例

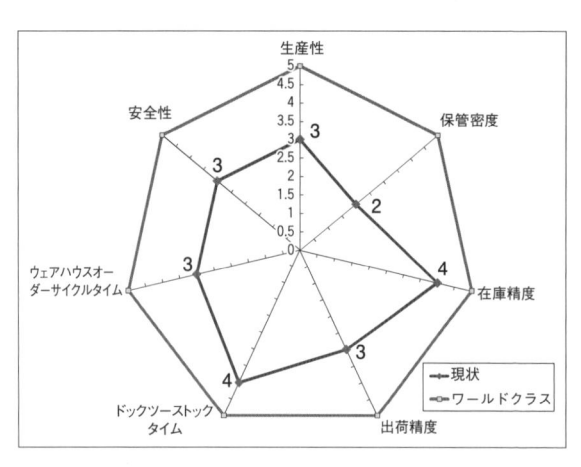

この事例では、ウェアハウスパフォーマンス指標としては、生産性（1時間当たりの処理行数）、保管密度（1平方フィート当たりのケース保管能力）、在庫精度、出荷精度（間違って出荷された行数の割合%）、ドックツーストックタイム（DTS）、ウェアハウスオーダーサイクルタイム（WOCT）、そして安全性が使われている。

ギャップ分析の価値は、複数のパフォーマンスプロファイルを1ページに集約し、グラフで表示できることにある。このチャートにより、オペレーションパフォーマンスの強みと弱みを素早く認識し、同時にプロジェクトの目標設定に活用することもできる。例えば、図3.15において、内側の線は自分たちのオペレーションの現状を示している。外周の線は、世界トップクラスのパフォーマンスを示している。リエンジニアリングプロジェクトの目標となり得る世界トップクラスのパフォーマンスレベルの設定が、このギャップ分析においては極めて重要である。なぜなら、世界のトップレベルが日々進歩しているにもかかわらず、もしプロジェクトのゴールが十分に高いレベルに設定されなければ、プロジェクトの完了時点で相対的に低いレベルに留まる可能性があるからだ。

図3.16　RightHouse™財務機会評価の画面イメージ

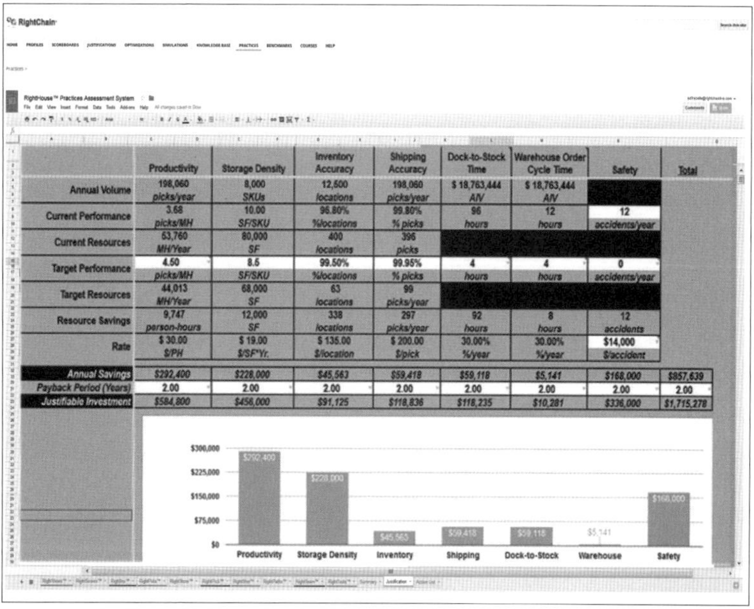

	Productivity	Storage Density	Inventory Accuracy	Shipping Accuracy	Dock-to-Stock Time	Warehouse Order Cycle Time	Safety	Total
Annual Volume	198,060 picks/year	8,000 SKUs	12,500 locations	198,060 picks/year	$ 18,763,444 A/V	$ 18,763,444 A/V		
Current Performance	3.68 picks/MH	10.00 SF/SKU	96.80% %locations	99.80% % picks	96 hours	12 hours	12 accidents/year	
Current Resources	53,760 MH/Year	80,000 SF	400 locations	396 picks				
Target Performance	4.50 picks/MH	8.5 SF/SKU	99.50% %locations	99.95% % picks	4 hours	4 hours	0 accidents/year	
Target Resources	44,013 MH/Year	68,000 SF	63 locations	99 picks/year				
Resource Savings	9,747 person-hours	12,000 SF	338 locations	297 picks/year	92 hours	8 hours	12 accidents	
Rate	$ 30.00 $/PH	$ 19.00 $/SF*Yr.	$ 135.00 $/location	$ 200.00 $/pick	30.00% %/year	30.00% %/year	$14,000 $/accident	
Annual Savings	$292,400	$228,000	$45,563	$59,418	$59,118	$5,141	$168,000	$857,639
Payback Period (Years)	2.00	2.00	2.00	2.00	2.00	2.00	2.00	2.00
Justifiable Investment	$584,800	$456,000	$91,125	$118,836	$118,235	$10,281	$336,000	$1,715,278

ギャップ分析はまた、新しい情報システム/マテハンシステムへの設備投資の正当化にも活用できる。ギャップチャートから、各指標の世界トップクラスとのギャップが定量化され、そのギャップを縮めることによる年間節約額（コスト削減、発生コスト回避、または売上改善）が算出される。推定される年間節約額と、企業の投資回収期間を比較することで、ギャップを埋めるために必要な適正な投資額を決めることができる。

　図3.16の事例では、世界トップクラスのウェアハウジングを達成することで得られる、年間節約機会が370万ドルに達しており、この会社の投資回収期間が2年に設定されているため、正当化できる庫内改善施策への投資額は740万ドルとなることを示している。

6　プラクティスがもたらす世界トップクラスのパフォーマンス

　これまでに示した分析手法と関連して、何が世界のトップクラスとその他の企業に違いをもたらすのかという質問をたびたび受ける。結局、世界トップクラスのパフォーマンスを達成するウェアハウスとの特徴的な差は、プラクティスによるところが大きい。バスケットボールやフットボールなどのコーチが、「本番で成功するには練習（プラクティス）を充実させなさい」と言うのを聞いたことがあるだろう。それはウェアハウジングにおいても同じである。ウェアハウスは、そのプラクティスに比例してパフォーマンスが変わるのである。そこで、"ウェアハウスプラクティスギャップ分析"というウェアハウスパフォーマンスギャップ分析と類似した分析手法を開発した。その事例を図3.17に示す。各頂点は、ウェアハウス内の機能領域を示している。パフォーマンスギャップ分析と同じように、外周の線は世界トップクラスの基準を示している。次に、現状のプラクティスを世界トップクラスのプラクティスと比較した時の相対的な位置づけをプロットする。パフォーマンスギャップ分析と同様、この手法はプロジェクトのゴールを設定し、ベンチマーキングを実施する際に活用できる。

　パフォーマンスギャップ分析との大きな違いは、プラクティスの各項目は定量化できないという点である。それに代わる方法として、ウェアハウス内の各機能領域（RightViews™：プロファイリング、RightScores™：KPI、RightIns™：

パフォーマンス管理の7原則とKPIの体系 ［第3章］

入荷、RightPuts™：格納、RightStore™：保管、RightPick™：オーダーピッキング、RightShip™：出荷、RightPaths™：レイアウト、RightTeam™：作業測定、RightTools™：情報システム）における各プラクティスについて、世界のトップクラスを5、ミドルクラスを3、ノークラスを1と評価していくのである（図3.18）。本書を読み進めることで、"RightHouse™アセスメント"に含まれる世界トップクラスの"プラクティス"の知見を広めることができるはずである。

図3.17　ウェアハウスプラクティスギャップ分析の事例

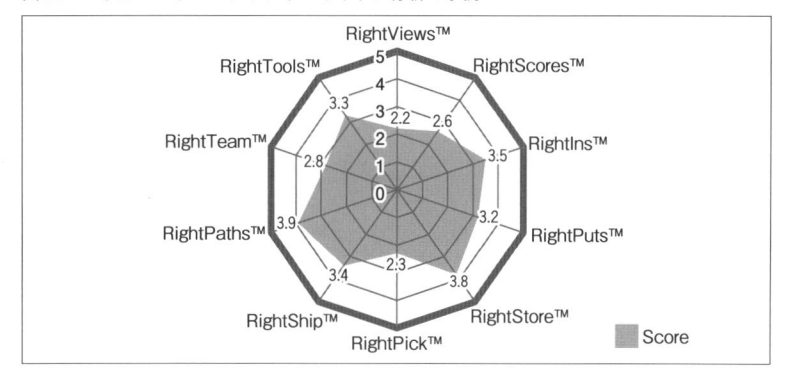

図3.18　RightHouse™プラクティスアセスメントの画面イメージ

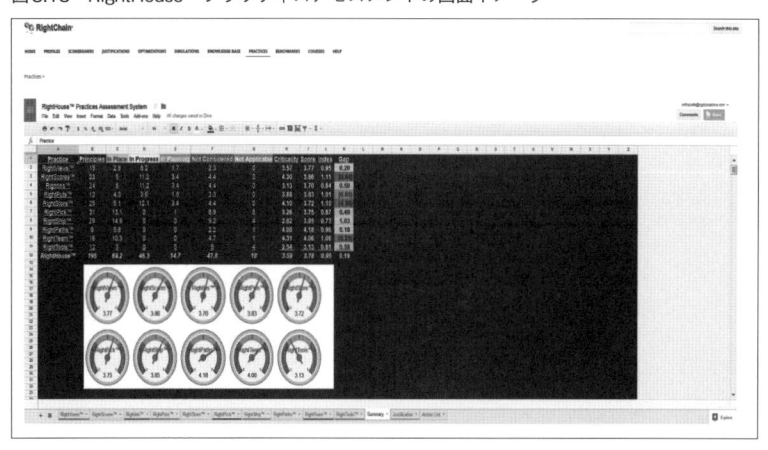

Chapter 4 第4章

RightIns™ RightPuts™
入荷フローの最適化と
入荷＆格納のベストプラクティス

決められた入荷手続きを順守しない入荷を修正するのは非常に難しくまた高コストにつくが、不正確な格納を修正することもまた難しく、かつ高価な代償を支払うことになる。入荷および格納は、ウェアハウス全体のパフォーマンスおよびオペレーションに影響を及ぼす。皆さんは、「ガベージイン、ガベージアウト（入ってくるものが"ゴミ"であれば、出ていくものも"ゴミ"である）」という表現を聞いたことがあるだろう。この常識はウェアハウスオペレーションにおいても完璧に当てはまる。もし私たちが、"ゴミ"つまりダメージのある、または入荷手続きを順守しない製品を入荷させた場合、最終的にダメージのある製品で不正確なオーダーという形で"ゴミ"を出荷してしまうことになるだろう。

　本書で解説する世界トップクラスの入荷における原理原則は、ウェアハウスの中に"非効率性"が入り込むことを防ぐはずである。この原理原則およびプラクティスは、入荷作業を効率化するためのガイドラインとして機能することになる。それらは、入荷プロセスにおいてものの流れを簡素化し、必要とされる作業内容および作業時間を最小化するものである。

　最適化された入荷作業では、入荷とそれに必要なリソースはスケジュール化され、入荷品は最小コストの作業フローに沿って流れ、入荷ドックにおいては格納時間を最小化するように処理され、検品、寸法測定、重量測定が行われる。格納においては、入荷と同時に優先順位が付けられ、最適なロケーションが指示され、労働力およびマテハン設備の活用率を最大化するためにインターリービング（他の作業との統合化）が適用され、バッチ化され、シークエンス（順番）が決められ、適正なマテハン設備を使って実行され、さらに確認作業が行われる。

　以下に、世界トップクラスの入荷および格納プラクティスを解説する。

1　入荷フロー最適化

　いかなるシステムも、複雑性が増すほどそのパフォーマンスは低下していく。サプライチェーン・ロジスティクスも例外ではない。ここでは、タッチ数がシステムの複雑性に最大の影響を及ぼす。従って、タッチ数を減らすことによって、サプライチェーン内の作業内容、ミス、時間、事故件数を最小化すること

[第4章] 入荷フローの最適化と入荷＆格納のベストプラクティス

が可能になる。下の図（図4.1）は、先進的な入荷および格納プラクティスを採用することにより、タッチ数を減らせることを示している。

図4.1　大手半導体企業におけるRightIns™ RightPuts™最適化

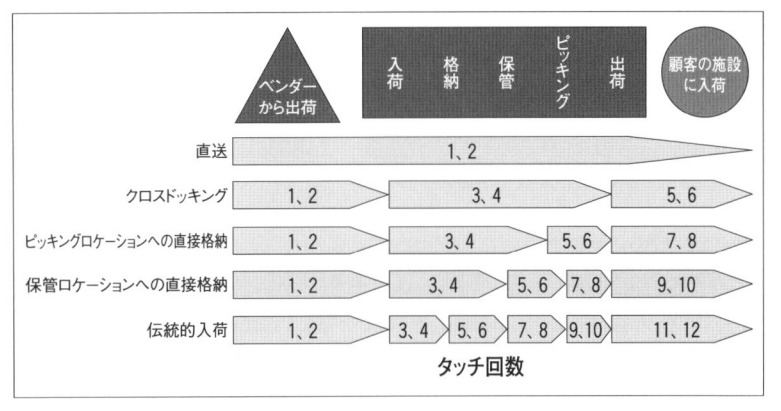

	ベンダーから出荷	入荷	格納	保管	ピッキング	出荷	顧客の施設に入荷
直送			1、2				
クロスドッキング	1、2		3、4				5、6
ピッキングロケーションへの直接格納	1、2		3、4		5、6		7、8
保管ロケーションへの直接格納	1、2		3、4	5、6	7、8		9、10
伝統的入荷	1、2	3、4	5、6	7、8	9、10		11、12

タッチ回数

以下は、図4.1に示した入出荷プロセスを最も少ないタッチ数から最も多い順に、解説したものである。

- 直送は、ウェアハウスを完全にバイパスし、2回しかタッチしない。1回は、ベンダーでの出荷トラックへの積み込み、もう1回は納品先で入荷トラックから荷降ろしする時である
- クロスドッキングは、ベンダーから納品先までの間に、6回のタッチが必要となる
- ピッキングロケーションへの直接格納は、8回のタッチが必要であり、空いているピッキングロケーションがあるかどうかをチェックし、そのロケーションへ直接格納することで、入荷検品、格納、保管、補充作業をバイパスすることができる
- 保管ロケーションへの直接格納は、製品をトラックから荷降ろしして直接保管ロケーションに格納することにより、入荷仮置きと検品をバイパスすることが可能となる
- 伝統的入荷は、入荷仮置き、入荷検品、保管ロケーションへの格納、ピッキングロケーションへの補充を要求する

2回、6回、8回、または10回タッチするよりも、12回タッチする方が、ハ

ンドリングミス、置き間違え、加工ミス、コミュニケーションミスを起こす機会が多くなる。こうしたミスに対応するための余計な作業にかかるコストが、最近、大手食品メーカーのために行った入荷フロー最適化に反映されている（図4.2）。これには、タッチ数、オンハンド在庫日数、ダメージ率、フィルレート（充足率）、そしてケース当たりのコストが、直送の場合、クロスドッキングの場合、ピッキングロケーションへの直接格納、保管ロケーションへの直接格納、そして伝統的な入荷それぞれについて明示されている。ケース当たりのコストは、直送の場合の0.83ドルから、伝統的な入荷プロセスの5.72ドルまでの幅があることが分かる。

図4.2　大手食品メーカーにおけるRightFlows™入荷フロー最適化の画面イメージ

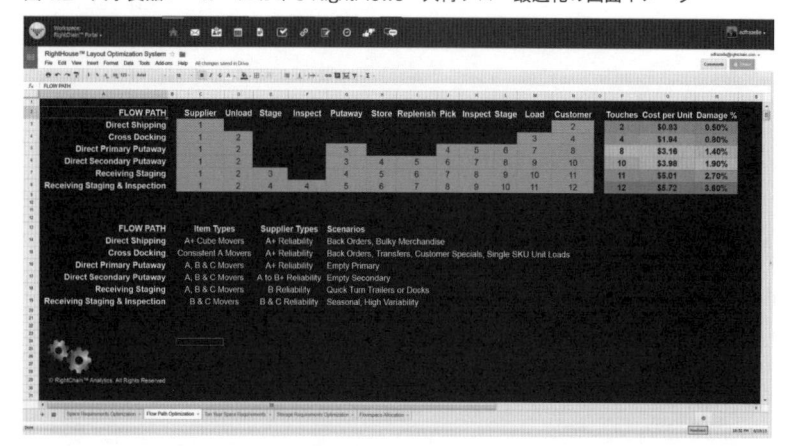

2 直送

一部のものについて、最良の入荷プラクティスは、全く入荷しないことだ。直送（またはドロップシッピング）において、ベンダーはウェアハウスを完全にバイパスし、直接顧客に向けて出荷する。アイテムはDCを通過しないため、荷降ろしする必要もなく、仮置き、格納、ピッキングロケーションへの補充、ピッキング、梱包、検品、トラックへの積み込みの必要もなくなる。従って、それ

らの作業で消費される労働力、時間、設備、さらにウェアハウス内で発生するミスや事故も排除されることになる。

直送に向いているのは、大きくて嵩張るアイテム、MTOアイテム、通常の出荷量がトラック満載に達するアイテムの組み合わせである。例えば、ある大手通販会社は、カヌー、大きなテント、家具等を、この会社のセントラルDCからではなく、ベンダーから直接顧客に出荷している。食品、飲料、消費財メーカーのクライアント企業の多くが、店舗からのオーダーを工場で生産およびアセンブルし、直接小売業の店舗へ出荷するようになってきている。

ミシガン州グランドラピッズにある年商20億ドル規模のスーパーマーケットチェーンにおける、典型的な直送とクロスドッキングの事例を図4.3に示す。Aアイテム（出荷容積に基づく高回転商品）は、メーカーからトラック満載で食品小売店舗に向け出荷される。Bアイテムは、日々正確にスケジュール化され、ロジスティクスセンターに向け配送、クロスドッキングされ、他のカテゴリーの商品（冷凍品、冷蔵品、常温品）と統合して店舗に向け出荷される。Cアイテムは、低回転商品をバッチピックするために、特別に設計された高保管密度のロジスティクスセンターに隣接するDCに保管される。Cアイテムは毎日バッチピッキングされ、クロスドッキングされる。

図4.3　食品業界におけるサプライチェーンフロー

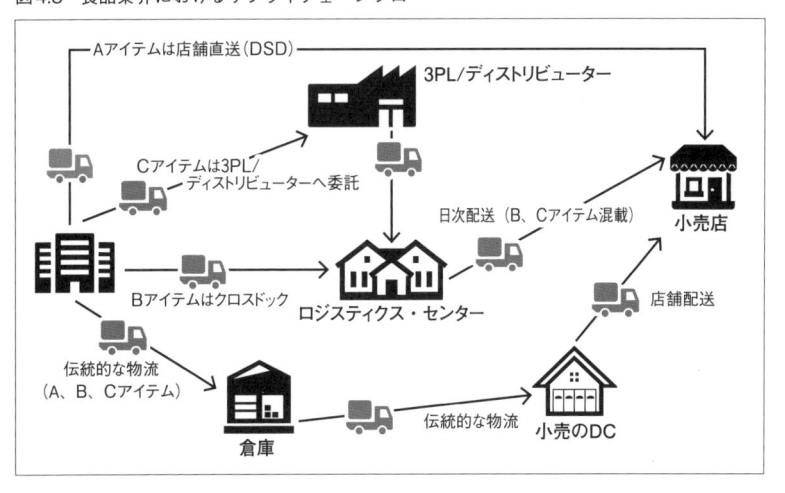

3 クロスドッキング

直送できない場合、次にベストな選択肢はクロスドッキングである。クロスドッキングとは、

- 入荷品はスケジュール化されて、ベンダーからウェアハウスに入荷する
- 入荷品は、直ぐに出荷オーダー毎に仕分けされる
- 出荷オーダーは、直ぐに出荷ドックに搬送される
- 入荷または検品作業を排除し
- 商品を在庫として保管しない

クロスドッキングにおいては、入荷検品、入荷仮置き、格納、保管、ピックロケーションへの補充、オーダーピッキング、オーダー集約等伝統的なウェアハウジング活動は排除される。

一般的なオーダーのフローに加えて、バックオーダー、特注、転送オーダーが、クロスドッキングに適している。なぜなら、こうしたオーダー処理は緊急性が高く、入荷商品は最終顧客への配送のためにプレパッケージされラベルが貼付されており、さらにこれらの緊急性の高い特別なオーダーに含まれる商品は、他の商品と統合化される必要がないからである。

アムウェイ流クロスドッキング

アムウェイは、石鹸、清掃用品、化粧品等、消費財およびHBC用品の大手メーカーであり消費者へのダイレクト販売企業である。ミシガン州エイダにある同社のセントラルDCでは、ベンダーからの入荷はスケジュール化され、入荷するすべてのパレットにはバーコードラベルが貼付されている。フォークリフトの運転手がトレーラーから荷降ろしする際に、パレットのバーコードがスキャンされ、WMSにこのパレットの着荷情報が伝えられる。WMSはその後作業員に対して、入荷したパレットを指定されたロケーションに動かすよう指示を出す。第1優先は、クロスドッキングするパレットである。実際、もしこの同じアイテムが入荷時点で出荷オーダーとして出荷トラックへの積み込みがされるオーダーであれば（もしこのアイテムに賞味期限があり、先入れ先出しが要求される場合はこの限りではない）、作業員はこのパレットをクロスドックするために出荷ドックに動かすよう指示される。次に優先されるのは、ピックロ

入荷フローの最適化と入荷&格納のベストプラクティス　[第4章]

ケーションへ直接格納することである。これは、ピックロケーションの在庫が減り、パレットスペースがある場合に推奨される。最も優先順位が低いのは、パレットを保管用ロケーションに移動することである。この場合でも、ロケーションは前もって割り付けされるか、リアルタイムで割り付けられるため、入荷した商品を仮置きすることはない。

マニュアルクロスドッキング

一般的にクロスドッキングを実行するには、多大なマテハンおよび情報システムへの投資が要求されると思われている。ところが、いつもそうなるとは限らない。日本の千葉県にある3PL企業のロジスティクスセンターでは、ローラーおよびボールコンベヤが、DC全体の床に網目状に埋め込まれており、パレット上のケースをピンポイントで動かすことができる（図4.4）。このコンベヤの1つの活用方法としては、入荷した荷物を簡単に入出荷ドック間で移動させること、つまりクロスドッキングがある。

図4.4　マニュアルクロスドッキング

クロスドッキングのシナリオ

入荷品の一部は、他のものよりもクロスドッキングに向いているものがある。前述のいくつかの事例が示唆するように、単一SKUでフルパレットを形成するものは、パレットを崩す必要がないため、パレット全体をバーコードで自動認識し、クロスドックできる。床に積み上げられたバラのケースもまた、同じ理由（ケースを開いて中身を取り出す必要がない）で、フルケースをバーコードで自動的に認識し、クロスドックすることができる。パレットに乗せられた複数のSKUまたはカートン内に複数のSKUが入っている場合、クロスドッキングをするのは難しくなる。なぜなら、作業員またはコンベヤにクロスドック

の指示を出す前に、パレットまたはケースの中身を仕分けしなければならないからである。パレットまたはケースの中身の仕分けが完了するまでに、効果的なクロスドックのための許容時間を過ぎてしまうことが多い。

その他のクロスドッキングの一般的なシナリオは以下のようになる。

- バックオーダー：バックオーダーされた商品は、未処理の緊急オーダーである場合が多い
- カスタマイズされた商品またはMTO：サプライヤーによりカスタマイズされた商品
- 店舗間およびDC間の転送

大量のクロスドッキングが実行される前には、特定のコンテナ要件および情報連携が要求される。第1に、コンテナおよび製品はバーコードラベルまたはRFタグを通して、自動的に認識できるものでなければならない。第2に、入荷品はスケジュール化されてDCに到着し、自動的にドックの割り付けがされなければならない。第3に、クロスドックされる対象の入荷パレットまたはケースは、仕分け作業を最小化するために、単一SKUであるか、または納品先の要望に沿った荷姿に集約化する必要がある。

4　ピッキングロケーションへの直接格納

入荷品がクロスドックできない場合、入荷仮置きをバイパスし、直接ピックロケーションに格納することでタッチ数を減らすことができる。製品の先入れ先出しが厳しく制限されていない場合、この方法を取ることができる。この格納方法は、ピックロケーションの中に、入荷パレットまたはケースのための空きがある場合、そして賞味期限の要件に違反しない場合に、推奨される。この格納方法においては、入荷仮置きおよび検品を排除することができる。従って、これらの活動に関連する時間、スペース、労働力を削減することができる。

そのために、ある大手ヘルスケア企業は、彼らのウェアハウス内に入荷仮置きのスペースを設けることを許さなかった。彼らは、作業員に対し商品を入荷と同時に格納するよう指示を出し、伝統的な入荷と格納においてしばしば起きる遅延や複数のハンドリングを排除したのだ。

入荷フローの最適化と入荷&格納のベストプラクティス　[第4章]

　トラックからの荷降ろしと商品の格納という2つの目的を遂行するフォークリフトは、この直接格納を容易にする。例えば、カウンターバランスフォークリフトは、秤、容積測定器、オンラインRF端末を搭載することができるため、荷降ろしおよび格納機能を効率化できる。

　もしピックロケーションへの格納ができない場合、次にベストな方法は入荷品を直ぐに保管ロケーションへ移動することである。この場合、ロケーションが予め割り付けされているか、またはリアルタイムで割り付けられるため、製品の仮置きは不要となる。

5　入荷スケジューリング

　計画的なクロスドッキングでは、日次または時間単位で、入荷品を出荷要件に合わせてスケジューリングする機能が要求される。さらに、入荷のためのリソース（ドックドア、労働力、仮置きスペース、マテハン設備）をバランス良く活用するには、運送会社とスケジューリングを交渉し、時間のかかる入荷をピーク時間帯から外すようにシフトさせる能力が要求される。リアルタイムでのデータ交換ができるネットワークにより、入荷、出荷のスケジュールに関する情報へのアクセスが改善される。この情報連携は、入荷のスケジューリングに積極的に活用されるべきである。

　良くあるクロスドッキングの事例は、ハブ空港での便の乗り継ぎに見られる。乗り継ぎに成功するために要求されるタイミングとシークエンシングの要素を考えてみて欲しい。旅客機の半分がオンタイムに到着することさえ、奇跡に近いのが現実である。100％の乗り継ぎ成功率を阻む同じ制約条件が、クロスドッキングの制約条件にもなっている。

　ある出荷を完全に達成するためには、要求される全ての入荷品が到着している必要がある。ドックおよび入荷作業員の能力を無駄にしないために、到着パターンは荷降ろしの仕事量とバランスを取らなければならない。適正な出荷順を維持し、仮置きスペースを最小化するため、到着パターンは早い出発が必要な入荷が優先される。こうした高度に複雑な入荷スケジューリングは、最先端のWMSのみ可能であり、クロスドッキングプログラムに不可欠なものである。

　世界で最も進んだ要員スケジューリングシステムは、航空業界で見ることが

でき、フライトアテンダント、パイロット、エンジニア、メンテナンススタッフ、バゲージ担当者、ケータリング要員から構成される多数の要員が、オンタイム出発を保証するため同時に到着しなければならない。同じように、ウェアハウスに入ってくる各入荷品を荷降ろしするために要求される人や設備も、遅延やドックの混雑を回避するために予めスケジュール化されなければならない。

6 プレ・レシービング

　入荷ドックにおいて最も時間およびスペースを要する仮置きをする理由は、しばしば入荷品のロケーションへの割り付け、検品等の必要があることにある。この情報はASNという形で、ベンダーが出荷するときに、リアルタイムで電子的に顧客に伝えることにより、前もって取得できるものである。ASNは、事前出荷通知のことで、EDIを通してサプライヤーからDCへ入荷予定数量などの情報を前もって送付することをいう。これにより入荷ドックにおいて、検品作業やロケーション割り付けの待ち時間等が軽減でき、入荷作業効率が改善される。

　ある場合には、入荷品を記述する情報は、磁気ストライプカードによって捉えることができ、入荷ドックにおいて即時にこの情報を入力することができる。入荷品の中身もまた、幹線道路沿い、入荷ドック、フォークリフト、コンベヤ等に設置されたアンテナで、RFIDタグを読み取り、通信することができる。

7 ドック割り付け最適化

　クロスドッキングであろうと通常の入荷であろうと、ドックドアは荷降ろしと格納にかかる歩行距離を最小化するように割り付けられなければならない。入荷ドックドア割り付けのための簡単なアルゴリズムは、入荷品が格納されるロケーションの重心に最も近い、空いているドックドアを割り付けるというものである。もし全入荷品が、同じ1つのベンダーからのもの、または同じカテ

入荷フローの最適化と入荷&格納のベストプラクティス　[第４章]

ゴリ（アイテム）であれば、さらに容易になる。その場合、アイテムがウェアハウス内でベンダー別/カテゴリ別にロケーションが決められていたら、対応するベンダー/カテゴリに一番近いドックドアを単純に割り付ければ良いからである。

8 自動化された荷降ろし

　もし投資コストが見合うならば、自動荷降ろしシステムは驚くべき生産性とサイクルタイムの短縮化をもたらすことができる。この方法は、荷降ろしと格納にかかる労働力と時間を排除するものである。図4.5の事例は、日本のトイレタリーおよび化学品メーカーのDCで、自社工場からの入荷パレットは、トレーラーの床に埋め込まれた駆動式ローラーコンベヤによって、自動的にトレーラーから荷降ろしされる。この埋め込み式コンベヤは、自動的にドックにあるパレットローラーコンベヤとインターフェースを取っており、パレットを順番に直接、自動倉庫に向かう別のローラーコンベヤへ投入する。AGVまたは無人フォークリフトも、自動積み込みシステムの中で活用することができる。

図4.5　日本のトイレタリーメーカーのDCにおける自動荷降ろしシステム

（入荷パレットは自動的に巨大な自動倉庫の中の固定ロケーションに格納される）

（トラックの床埋め込み式ローラーコンベヤは、自動的にドックコンベヤと接続し、パレットを荷降ろしする）

9 配送品質コンプライアンス

許容できる入荷品質の基準は、ベンダー選定基準、そしてベンダーパフォーマンスモニタリングプログラムの一部として設定すべきである。コンプライアンス違反があった場合には画像化し、ベンダーパフォーマンス記録に記録され、違反したベンダーに対しては、ベンダーコンプライアンスレポートの配送品質欄に規定されたペナルティを請求しなければならない。ある小売業クライアントは、サプライヤーについてコンプライアンスを基準に、"ホワイトハット（高信頼性）"と"ブラックハット（低信頼性）"に分類している。"ブラックハット"のサプライヤーに対しては、彼らの商品の検品1時間当たり50ドルを課金している。

10 自動入荷検品

理想的には、サプライヤー評価および認証プログラムを通して、入荷検品は排除するか、または最小化するべきである。ただし、もし排除できないのであれば、入荷検品は自動化することができる。例えば、ドイツの通販会社の最大手クエレは、入荷検品が要求されるサプライヤーに対して、ビジョンシステムを導入して、自動的にベンダー、SKU、ケース数量を読み取り、写真を撮り、識別し、各入荷ケースに適切なバーコードラベルを貼付している（図4.6）。配

図4.6 ドイツのライプツィヒにあるクエレのDCにおける自動入荷検品

送品質要件に対するいかなる違反も、デジタルカメラで自動的に撮影し、請求書が違反したサプライヤーに送られる。

製品を出荷するための準備にかけられる時間が最も長くなるのは、入荷時点である。一度製品に対する需要が発生すると、庫内で製品の出荷準備にかけられる時間は非常に短い。従って、いかなる処理も、事前にできることは前もってやっておくべきである。こうした準備作業には、ハンドリング単位を変更するプレ・パッケージングおよび容積、重量測定が含まれる。

11 プレ・パッケージング

パレット上に100ケース置かれているとし、顧客が100ケースをオーダーしたとすると、フルパレットを一度にピッキングするだろうか、それとも100ケースをバラバラにピッキングするだろうか。フルパレットでハンドリングした方がはるかに短い時間と少ない労力でピッキングが行えることを学ぶために、本書を買った訳ではないだろう。同じことが、オーダーピッキングにおいて、フルケースでピッキングするか、バラでピッキングするか、さらにはチャーター便にフルパレットを乗せるか、路線便でパレット未満で配送するか、という決定にも言える。自分自身が、ユニットロードの一部をハンドリングするよりもフルパレットでハンドルする方がベターなだけでなく、顧客もまたフルパレットでハンドリングする方がベターなのである。顧客にとって、トラック満載未満よりもトラック満載、パレットの一部よりもフルパレット、バラよりもフルケースでハンドリングする方が容易なのである。

ある大手オフィスサプライの卸売業者は、4分の1と2分の1パレットロードを入荷時点で構築しているが、それは顧客からその数量で注文されることを期待しているためだ。顧客はこれらの数量でオーダーすると割引が受けられるため、できるだけこの数量でオーダーするようになる。ある自動車パーツの大手卸売業は、顧客からどの数量での注文が多いか、大規模な分析を行った。この分析に基づいて、現在この会社は注文頻度の高い入数でプレ・パッケージングしている。

12　入荷品の容積測定および重量測定

製品の容積および重量に関する情報は、ウェアハウス設計およびオペレーションに関する様々な重要な決定に活用されるが、自分たちが扱う製品について信頼性の高い容積および重量情報を持っている企業は意外に少ない。

もしサプライヤーが製品の容積および重量情報を提供できなければ、そうした情報は自ら入荷ドックにおいて捉えなければならない。"キュービスキャン(CubiScan)"と呼ばれる機器が入荷時点で、入荷ケースのディメンション（寸法）と重量を測定し、自動的にその情報をWMSに伝えるために広く使われている（図4.7）。

図4.7　コンベヤラインに組み込まれた容積測定および重量測定（CubiScan）

13　WMSが指示する格納

ロケーションの選択を格納作業員の判断に任せると、保管密度やオペレーション生産性の最大化といった本来考慮すべき基準ではなく、床に最も近い、友人に最も近い、休憩室に最も近いといった理由で、格納ロケーションを場当たり的に選択する傾向がある。こうした問題を回避するためには、WMSが格納作業員に対して各パレットまたはケースを、ロケーションおよび容積活用率を最大化し、商品の先入れ先出しを確実にし、ピッキング作業の生産性を最大

入荷フローの最適化と入荷&格納のベストプラクティス [第4章]

化するロケーションに置くように指示を出さなければならない。

14 バッチ化され、仕分けされ、シークエンス化された格納

　ゾーンピッキングとロケーションのシークエンシングがオーダーピッキング生産性を改善する有効な戦略であるのと同様に、入荷品はウェアハウスのゾーンおよびロケーション順に仕分けされ、格納されるべきである。格納作業は、オーダーピッキングを逆順にしたものである。WMSは、通路内およびその周辺において格納生産性を最大化するよう、格納作業をバッチ化しなければならない。WMSはまた、各バッチの中で、格納期限を満足し、歩行距離および探索時間を最小化するよう、格納作業をシークエンス化しなければならない。

　アムステルダム郊外にあるホーゲンボッシュの靴用DCの事例（図4.8）では、入荷ケースは格納用のカゴ車に積み付けされる。同じカゴ車のケースはすべて同じ通路に割り付けられ、カゴ車の一番下にくるケースが格納ロケーションの最後に、カゴ車の一番上のケースが最初の格納ロケーションとなるよう積み付けされる。ゾーン別にバッチ化され、ロケーション別にシークエンス化された格納は、格納生産性を劇的に改善する。

図4.8 ホーゲンボッシュの靴用DCにおけるバッチ化、シークエンス化された格納

15 優先順位化された格納

　すべての格納作業が同じ優先度を持つ訳ではない。優れたWMSは、優先順位の高い"ホットな格納"にフラグを立て、シークエンス化する。フラグは、入荷品が入荷ヤードに入る、または入荷ドックに到着したときに立てられる。

16 格納ロケーションの確認

　格納精度は、全格納件数に占める間違いのない格納件数の割合で表される。残念なことにこの重要な指標は、しばしば見過ごされがちである。もしあるアイテムが間違ったロケーションに格納されたり、間違った個数が格納されたら、それ以降間違った作業が続くことになることを忘れてはならない。

17 自動化された格納

　世界で最も進んだ格納オペレーションは、入荷品を保管ロケーションに対して自動的に格納する仕組みを持っている。この格納方法を可能にするマテハン技術としては、ローラーベッドトレーラーと伸縮式コンベヤが含まれる。

18 インターリービングおよび継続的な移動

　格納と取り出し作業をさらに効率化するため、これらの作業を組み合わせて遂行することで、フォークリフトの空での移動を減らせる（図4.9）。この手法

図4.9 インターリービングの考え方

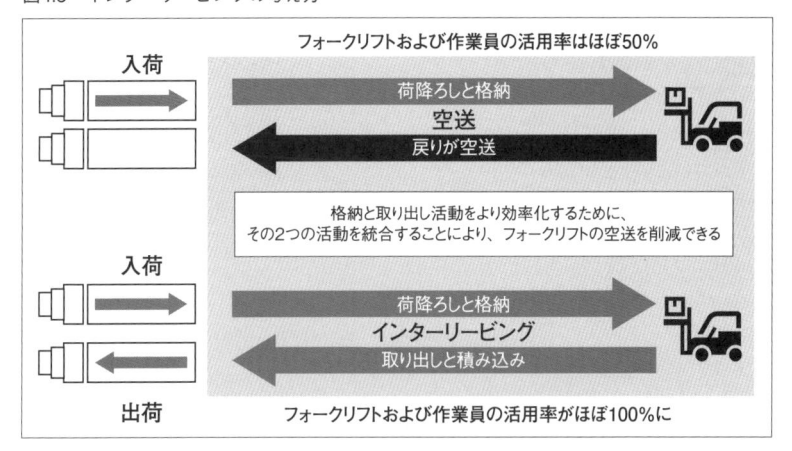

フォークリフトおよび作業員の活用率はほぼ50%

入荷　荷降ろしと格納　空送　戻りが空送

格納と取り出し活動をより効率化するために、その2つの活動を統合することにより、フォークリフトの空送を削減できる

入荷　荷降ろしと格納　インターリービング　取り出しと積み込み　出荷

フォークリフトおよび作業員の活用率がほぼ100％に

は特に、パレット保管および取り出し作業を念頭に開発されている。荷降ろし、格納、取り出し、トラックへの積み込みができるカウンターバランスフォークリフトは、このオペレーションに向いているといえる（インターリービングは、輸配送におけるバックホーリングに似た考え方である）。インターリービングは、ウェアハウス内の継続的な移動に適用されるべきであり、WMSは作業員に対し、最も効率的な作業から最も効率的な作業へと直接移動するよう指示を出す。

Chapter 5 第5章

RightStore™ Pallets
パレット保管および
ハンドリングシステムの全体像

RightHouse™パレット保管およびハンドリングシステムの体系（図5.1）は、パレット保管システムとパレットハンドリングシステムで構成される。これら2つのシステムは、互いに密接に関連しながら機能するが、保管システムの選択は主に保管密度の改善を目的とし、アイテムのオンハンド在庫およびその回転により決定される。ハンドリングシステムの選択は、主にハンドリング生産性の高さおよび設備投資の間のトレードオフにより決定される。

図5.1 RightHouse™パレット保管およびハンドリングシステムの体系

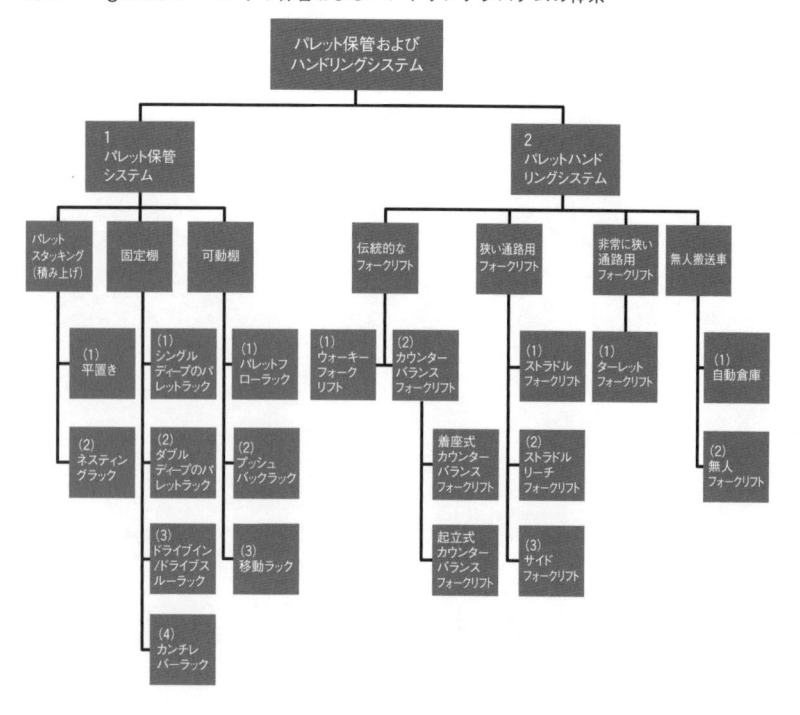

1 パレット保管システム

パレット保管システムは棚のタイプにより、パレットスタッキング（積み上げ）、固定棚、可動棚の3つに分類される。以下にこれらについて解説する。

パレットスタッキング（積み上げ）

パレットスタッキングは、パレットの上に他のパレットを積み上げる方法であり、2つのタイプのパレットスタッキングシステムが存在する。平置きとネスティングラック（pallet stacking frame）である。

(1) 平置き

平置きは、パレットの上に他のパレットを積み上げたユニットロードであり、通常は床の上の保管レーン（ブロック）に3から10ディープ（保管レーンの奥行）で保管される。平置きは、同じSKUで大量に入荷し、出荷されるような回転の速い商品に特に有効な方法である。棚に置く必要がないため、設備投資が小さく、導入が容易であり、床の形状に応じてほぼ無限大のフレキシビリティを発揮することができる。1つのブロック内のパレットは、後入れ先出し（LIFO）で取り出しが行われる。従って、厳格な先入れ先出し（FIFO）要件がある場合には、この方法は向かない。

図5.2 日本の飲料卸売業における平置き保管の事例

スタック（積み上げ）高の制限

平置きの保管密度は、次の2つの要素により決定される。保管レーンの奥行

きとスタッキング（積み上げ）の高さである。スタッキングの高さは以下の複数の要因により制限される。

- パレット外側の形状…イレギュラーな形の製品は効率的に積み上げることができない
- パレットの重量…重いパレットは他のパレットを潰す可能性がある
- 製品パッケージの強さ…弱いパッケージは、他のパレットを支えられない
- パレットの状態…うまくメンテナンスされていないパレットは、適切に積み上げることができず、他の製品にダメージを与える可能性がある
- 床に保管する制限…一部の床は積み上げられた重い荷重を支えられない
- 天候…湿度が高い場合、製品のパッケージの強度を損なう恐れがある
- フォークリフトのリフト高の能力…当然ながらフォークリフトのリーチ以上には積み上げられない
- 建物の天井高…さらに当然のこととして建物の天井高以上には積み上げられない

ハニーコーミングとレーン奥行きの最適化

ひとつのレーン内では、1 SKUしか効果的に保管することができず、よって空のパレットスペースが生まれ、レーン全体が空になるまで保管スペースを効果的に活用することができない。上から見ると、フル／一部フル／空のレーンおよびパレットスタックの典型的な平置きの形状は、ハニカム構造になっている（図5.3）。

図5.3　大手飲料メーカーのDCにおけるハニーコーミング

ハニーコーミングという用語は、平置きにおけるパレット保管能力のスペースロス（虫食い状態）を指している。もし奥行きが深すぎると、レーンの後ろ

パレット保管およびハンドリングシステムの全体像　[第5章]

に置かれたパレットの床スペースの活用率が落ちる。また、もし奥行きが浅すぎると、通路に使われるスペースが大きくなり過ぎる。さらに、パレットが簡単に積み上げられないと、垂直方向のスペース活用率が大きく落ちることになる。

従って、スペースの高い活用率を維持するためには、使用可能なレーンの奥行きについて、注意深く判断する必要がある。ある大手消費財メーカーのために開発したレーン奥行き最適化分析を図5.4に示す。各アイテムに対する必要最小面積の奥行き（通路側から保管できるパレットの数）が、この分析を通じて推奨される。

図5.4　RightLanes™大手消費財メーカーのためのレーン奥行き最適化の画面イメージ

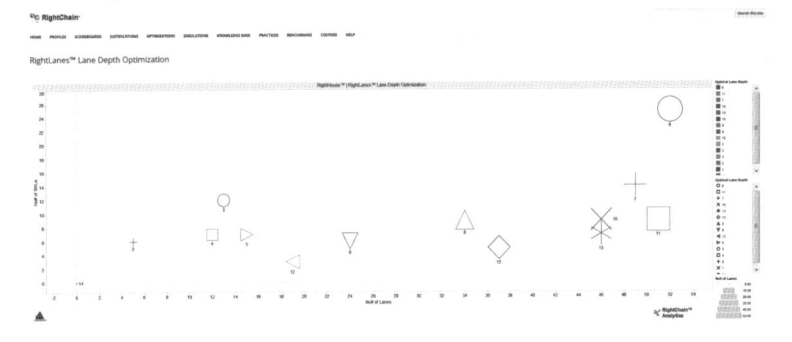

この分析では、レーン奥行き最適化ツールを使って、ハニーコーミングの影響を最小化し、さらに床スペースの活用を最適化する。各SKUについて最適なレーンの奥行きを計算するとき、この最適化ツールは、パレットのディメンション（寸法）、通路のディメンション、スタックの高さおよびスペースコストを考慮している。

最適なレーンの奥行きは、次の数式で計算することができる。

$$\{(通路の幅ロットサイズ)/(2パレットの長さスタックの高さ)\}^{1/2}$$

レーン奥行き最適化に加えて、以下のオペレーションに関するルールは、平置きにおける床スペース活用度の改善に役立つ。

• 最も在庫の減っているレーンから取り出す

107

- 必要な場合には、レイアウトの見直しを実施する
- 両側からアクセスできるレーンの設計を試みる
- 奥行きの違うアイテムの最適な組み合わせを考える

(2) ネスティングラック (pallet stacking frame)

ネスティングラック（図5.5）は、標準的な木製パレットに取り付けるタイプと、柱とデッキからなる自立式の鉄製ユニットの2種類がある。ネスティングラックは、持ち運びができ、利用者が製品を数段のパレットに積み上げることを可能にする。使われていない時は、フレームは解体またはネスティングし、小さいスペースに保管しておくことができる。

ネスティングラックは、パレットスタッキングに不向きな場合、または他の保管方法の使用が正当化できない場合に良く使われている。また、このラックはリースすることができるので、短期間のピーク需要を持つ在庫や、床のオープンスペースの保管密度を上げるために利用される。

前述の平置きにおけるハニーコーミングによる保管密度のロスは、このラックの場合にも起こり得る。

図5.5 入荷パレットを保管するネスティングラック（フォード、アトランタ、アメリカ）

固定棚

固定棚は、シングルディープのパレットラック、ダブルディープのパレットラック、ドライブイン／ドライブスルーラック、そしてカンチレバーラックを含む。

(1) シングルディープのパレットラック

シングルディープのパレットラックは、金属製の柱と水平のバーによるシンプルな構造物であり、各保管パレットに即自にアクセスできる（通路から直ぐにピックフェースとなり、ハニーコーミングがない）。平置きと違い、1つのパレットを取り出してパレットスペースが作られると、即時に別のパレットを置くことができる。また、このラックは、パレットの積み上げ適正や壊れ易さにより制限を受けることなしに、垂直方向に複数のSKUを積み上げることができる。パレット自体は積み上げ可能でなくても良く、またその高さや幅も多様なものに対応できる。図5.6の事例では、ラックが4段あり、上の2段は保管用リザーブスペースとなり、下の2段がケースピッキングに使われている。

図5.6 シングルディープのパレットラック（アメリカ癌協会、アトランタ、アメリカ）

シングルディープのパレットラックの持つ最大の利点は、すべてのパレットへのアクセスが可能なことである。反対にその欠点は、通路に使われるスペースが大きくなることである（通常利用可能な床スペースの50％から60％が通路となる）。従って、1SKUで3から4パレット以上のオンハンド在庫がある場合、少なくとも2パレットを垂直方向に置くことが推奨される。

このパレットラックは、保管モードの"ベンチマーク"として考えられており、他の保管システムはこれに対して、利点や欠点が比較される。多くのウェアハウスは、3から5パレット未満の保管要件を持つSKUの保管において、このラックを使用することでメリットを出している。

(2) ダブルディープのパレットラック

ダブルディープのパレットラック（図5.7）は、2パレット分の奥行きを持つ固定棚のことである。このラックの利点は、シングルディープのラックに比べ

て、通路スペースが通常50%節約できることである。ただし、ハニーコーミングにより、空きスペースの活用率が70%から75%しか期待できないため、50%のスペースの節約が本当に実現できるとは考えにくい（シングルディープのラックの場合、活用率は80%から85%程度が一般的である）。

図5.7 ダブルディープのパレットラック（ストアマックス、ロンドン、イギリス）

ダブルディープのラックは、通常5パレット以上の保管要件を持ち、2パレットの倍数で頻繁に入出荷されるSKUのために使われる（1パレット分のオンハンド在庫しか必要ないSKUを、ダブルディープラックに保管することは無意味である。なぜなら、ピックフェースの奥側のパレットが無駄になるからである）。パレットは2ディープで保管されるため、保管および取り出しには、ダブルディープリーチフォーク（図5.8）が必要となる。

図5.8 ダブルディープのパレットラックの格納・取り出しには、ダブルディープリーチフォークを使う

(3) ドライブイン／ドライブスルーラック

　ドライブインラック（図5.9）は、5から10ディープで3段から5段の高さに積み上げる保管レーンを備えることにより、ダブルディープラックよりも通路スペースをさらに削減することができる。ドライブインラックは、フォークリフトが数パレット分、ラックの中に入り、パレットを保管または取り出すことができる。これは、このラックが垂直の柱にパレットを支持するためのレールが水平に取り付けられた構造であり、このレールがフォークリフトよりも高い位置にあるからできることである。このラックは、複数段のパレット保管が可能であり、それぞれの段は他の段とは独立して支持されている。

図5.9　ホンダのパーツDCのドライブインラック

　ドライブインラックの欠点の1つは、フォークリフトがラックの構造体に入った時に、安全な運行に必要な走行速度に落とさなければならないことである。もう1つの欠点は、1つのレーンに保管できるのが1 SKUであるため、ハニーコーミングによるスペースのロスが発生することである。結果として、ドライブインラックは、10パレット以上のオンハンド在庫を持つ低回転または中回転のSKUに対して使用されるのが最も効果的な活用法である。また、平置きと同様に、パレットは後入れ先出しで取り出されなければならないため、できる限り素早く各レーンを空けるための取り出しルールを設定すべきである。

　ドライブスルーラックは、単にラックの両サイドからアクセスできるドライブインラックである。これはしばしば直線スルー型の倉庫形態（第9章参照）での一時保管に使われ、パレットがラックの一方から投入され、もう一方から

取り出される。ドライブインラックと同じ利点と欠点が、ドライブスルーラックにも存在する。

(4) カンチレバーラック

カンチレバーラック（図5.10）は、棒材、材木のような長尺物を保管するために使われる。このタイプのラックへは、通常サイドフォークリフトによりアクセスする。

図5.10 カンチレバーラックに保管される棒材（オーロラ、インディアナポリス、アメリカ）

可動棚

可動棚は、パレットフローラックのようにラックの中でパレットが移動するか、プッシュバックラックまたは移動ラックのようにラック自体が移動するものをいう。

(1) パレットフローラック

パレットフローラック（図5.11）の内部では、パレットがホイールコンベヤ、ローラーコンベヤ、またはレールの上を、保管レーンの後ろ側から前面へ先入れ先出しに則って移動する。パレットが保管レーンの前面から取り出されると、次のパレットが前面に移動する。パレットフローラックの重要な目的は、高スループット（生産性）のパレット保管と取り出し、そして高いスペース活用率を提供することにある。

従って、このラックは、高い在庫回転と、数パレット分のオンハンド在庫を持つアイテムに使われる。

図5.11 パレットフローラック
　　　 (後側から見たところ)

(2) プッシュバックラック

　プッシュバックラック（図5.12）は、後入れ先出しで稼働する2から5ディープの保管設備で、レール上を動く台車の上にパレットが置かれる。パレットを保管レーンに格納するとき、自重とフォークリフトの力で既存のパレットをレーンの後ろ側に押し込み、新たなパレットを置くスペースをつくる。パレットが保管レーンの前面から取り出されると、レーン内の残パレットの自重により自動的に前面に移動する。すべてのSKU/レーンは、通路に沿って即時にアクセス可能である。加えて、格納と取り出しがラック前面で行われるため、ダブルディープラックのようにフォークリフトの特殊なアタッチメントは必要ない。ドライブインラックに比べ、ラックにフォークリフトが入る必要がなく、垂直方向にハニーコーミングが発生しないことがこのラックの利点である。プッシュバックラックは、3から10パレットのオンハンド在庫を持つ中回転

図5.12 ホンダのパーツDCにおけるプッシュバックラック
　　　 (ホンダ、アトランタ、アメリカ)

SKUに適している。

(3) 移動ラック

移動ラック（図5.13）は、基本的にシングルディープのパレットラックを車輪（ホイール）またはレール上に載せ、隣接したラックを移動させ、引き離すことでその間に通路を作り出すものである（資料室にある書架のような動きとなる）。根底にある原理は、「通路は使われる時にだけその存在が正当化される。つまり、使用していない時間は、高価なスペースを占有しているに過ぎない」というものだ。従って、目的とする特定の保管ラックにアクセスするために、自動または手動で隣接するラックを動かし、目的とするラックの前に通路を作り出す必要があるのだ。結果として、床スペースの10％未満のみ通路として使われるため、保管密度はいかなるパレット保管方法よりも高くなる。反対に、取り出しの生産性は、どの保管方法よりも低いという欠点がある。従って、移動ラックは、スペースが希少で高価な場合、そして1から3パレット分のオンハンド在庫を持つ低回転のSKUを保管するときにのみ正当化される保管方法である。

図5.13　日本の大手通販企業であるスクロールの移動ラック

パレット保管システムの比較

適正なパレット保管システムとその構成を選択する上で重要なことは、各SKUのアクティビティおよび在庫プロファイルにマッチした保管および生産性特性を持つパレット保管システムをSKU毎に選定することだ。

表5.1は、パレットへのアクセスし易さ、取り出しルール、パレットサイズ

の変動、導入のし易さなどを含む、各パレット保管システムの主要な特徴をまとめ、比較したものである。

表5.1 パレット保管システムの比較（RightStore™ Pallets）

パレットラックの種類	通路側からのアクセスの必要性	通路側からアクセスする割合(%)	取り出しルール	ダメージの起こり易さ	多様なサイズのパレットのハンドリングし易さ	棚の導入のし易さ	レイアウト変更のし易さ	特殊な搬送車の要否	格納と取り出しが同じ側から行われるか
平置き	無し	10-40	後入れ先出し	中	高	◎	◎	無し	はい
シングルディープラック	有り	100	ランダム	低	中	◎	○	無し	はい
狭い通路のシングルディープラック	有り	100	ランダム	低	中	◎	○	有り	はい
ダブルディープラック	無し	50	後入れ先出し	中	中	◎	△	有り	はい
ドライブインラック	無し	10-30	後入れ先出し	高	低	○	▲	無し	はい
プッシュバックラック	有り	20-50	後入れ先出し	中	中	○	▲	無し	はい
パレットフローラック	有り	10-30	後入れ先出し	中	低	△	×	無し	いいえ
可動棚	無し	10-20	ランダム	低	中	△	×	無し	はい

図5.14に、ある企業のパレット保管モード分析のイメージを示す。ただし、労働力やスペースのコストおよび可用性が対象とする国や地域により大きく異なるため、この分析結果を一般化することは難しい。この分析は、経済的に最

図5.14 ある大手食品小売業におけるパレット保管モード最適化事例

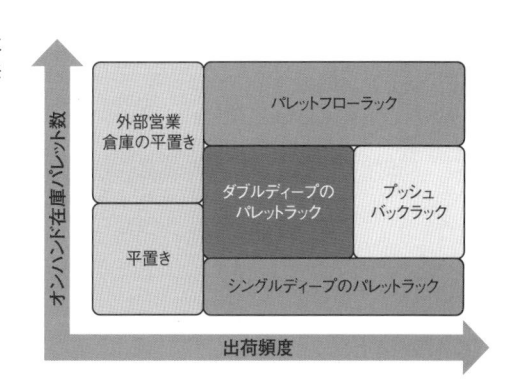

も適正な出荷頻度-在庫パレット数に対応する適正なパレット保管モードを示している。

2 パレットハンドリングシステム

代表的なパレットハンドリングシステムを最もシンプルで低コストなものから、最も複雑で高コストなものまで順番に挙げると図5.15のようになる。

各システムの活用方法、長所、欠点等について以下に解説する。

図5.15 パレットハンドリングシステムの比較

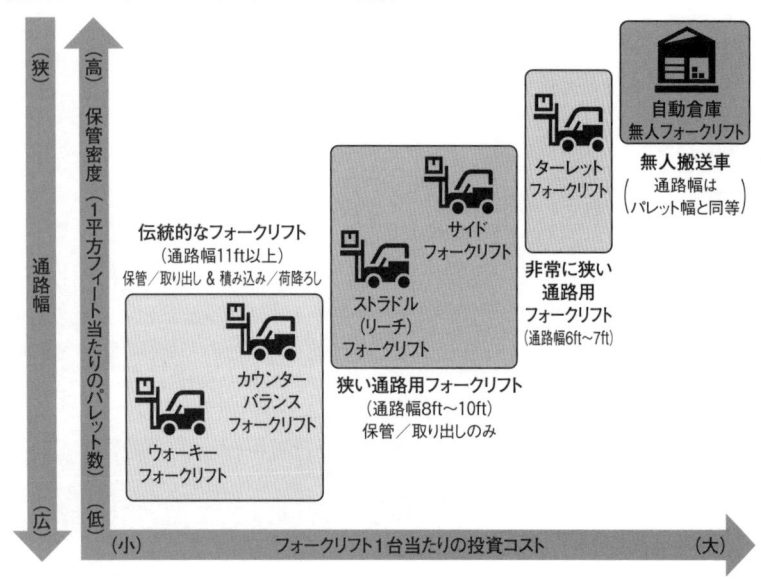

伝統的なフォークリフト

ウォーキーフォークリフトおよびカウンターバランスフォークリフトが、伝統的なパレットハンドリングシステムとして分類される。

(1) ウォーキーフォークリフト

ウォーキーフォークリフトは、パレットを持ち上げ、積み上げ、短い距離を搬送することを可能にする（図5.16）。作業者は、フォークリフトの後ろで歩きながら操縦する。スループットが低く、移動距離が短く、垂直方向の高さが低く、低コストが求められる場合、ウォーキーフォークリフトは適切なソリューションと言える。通常このフォークリフトは、最大3パレット分の高さまで積み上げが可能で、パレット取り出し/格納とトラックの荷降ろし/積み込みの2つの作業を実行することができる。

図5.16 大手バイオテック企業におけるウォーキーフォークリフトを使った入荷作業の事例（カールスバッド、アメリカ）

(2) カウンターバランスフォークリフト

名前が示唆するようにカウンターバランスフォークリフトは、車輛の前方にあるマスト上にパレットを持ち上げ、安定して搬送するために、車輛の後ろ側にカウンターウェイトを載せている（図5.17）。カウンターバランスフォークリフトは、ガソリンまたはバッテリーで稼働する。特殊な形状の製品をマスト上に持ち上げるためには、フォーク以外のアタッチメントを使用することができる。高さ制限は通常25フィートである。このフォークリフトは、ダブルディープのラックには使用できない。また、このフォークリフトは、最大10万ポンドの重量のパレットを載せて搬送することができる。

作業員は車輛に（着座または起立で）乗っているため、カウンターバランスフォークリフトは、ウォーキーフォークリフトよりも長い距離の搬送に利用できる。このフォークリフトはまた、同時に取り出し/格納作業およびトラック

図5.17 着座式カウンターバランスフォークリフト

の荷降ろし/積み込みができ、柔軟な運用が可能である。この柔軟性と共に、車輌が比較的低コストであるため、カウンターバランスフォークリフトは他のすべてのパレットハンドリングシステム選定におけるベンチマークとなる。マルチロードカウンターバランスフォークリフトは複数のパレットを同時に搬送することができるため、フォークリフトのオペレーション全体の生産性を上げることができる。

カウンターバランスフォークリフトの最大の欠点は、通路内で方向転換するときの回転半径の大きさである。結果として、通常11から12フィートの通路幅が必要になる。この通路幅の要件は、代替フォークリフトを検討するときに中心的な論点となる。また、代替フォークの検討は、カウンターバランスからより狭い保管通路に対応し（狭い通路用フォークリフトを参照）、より高いリーチを持つリフトへと移行していく。同時に、徐々に高額になり、またカウンターバランスフォークリフトよりも取り出し/格納、積み込み/荷降ろしの柔軟性が低くなる。従って、その上昇するコストと失われる柔軟性に見合った、十分なスペースおよびコスト節約が必要になる。

狭い通路用フォークリフト

狭い通路用フォークリフトは、ストラドルフォークリフト、ストラドルリーチフォークリフト、サイドフォークリフトに分類される。

(1) ストラドルフォークリフト

ストラドルフォークリフト（図5.18）は、パレットと車輌の安定性を確保す

るために、カウンターウェイトの代わりにアウトリガー（車輛から突き出した車輪付きの脚）を使って支えるものである。結果として、通路幅は、カウンターバランスフォークリフトの11から12フィートに対し、8から10フィートで済む。保管されているパレットにアクセスするためには、アウトリガーをラックの中に差し込むことで、ラックフェースに対しフォークを直角にすることができる。従って、最もラックの下にあるパレットについてはアウトリガーが入り込む脚高を確保して保管する必要がある。

図5.18　ストラドルフォークリフト（キャタピラー社、アトランタ、アメリカ）

（2）ストラドルリーチフォークリフト

ストラドルリーチフォークリフト（図5.19）は、従来型のストラドルフォークリフトから開発されたもので、ストラドルフォークリフトよりもアウトリガーが短く、マジックハンド構造を使った"リーチ機能"を持っている。そのため、保管ロケーションにアクセスするために、最下段のパレットの下にアウトリガーを差し込まなくてもよい。従って、床面にアウトリガーが差し込めるラックの構造にする必要が無く、ラックのコストが抑えられ、垂直方向のスペースを節約することができる。

ダブルディープリーチフォークリフトは、2ディープに保管されたパレットに届くよう、フォークが伸長するようになっている。典型的なストラドルリーチフォークリフトは、8から10フィート幅の通路で稼働する。

図5.19 ストラドルリーチフォークリフト

(3) サイドフォークリフト

サイドフォークリフト（図5.20）は、片側から積み込みおよび荷降ろしをするため、保管パレットにアクセスするときに通路内で方向転換する必要がない。

図5.20 サイドフォークリフト

サイドフォークリフトに必要な通路幅は、ストラドルフォークやリーチフォークよりも小さい。通常、通路幅は6.5フィート程度で、床に埋め込まれたレールまたはワイヤガイドで稼働する。このタイプのフォークリフトは、通常40フィートの高さまでパレットを持ち上げることができる。

サイドフォークリフトの最大の欠点は、車輛の片側にフォークが固定されているため、特定のロケーションにアクセスするためには、通路の末端から正しい方向に向けて入る必要があり、これにより動線の決定において時間と複雑性

パレット保管およびハンドリングシステムの全体像 [第5章]

が増す点である。ターレットフォークリフトは、サイドローダーのこうした欠点を克服するために開発されたものであり、サイドフォークリフトの持つ機能はすべて兼ね備えている。

サイドフォークリフトは、様々な荷姿のものをハンドリングすることが可能である。車輌の形状から、カンチレバーラックに保管される特に長い製品を格納/取り出しするのに適している。

非常に狭い通路用フォークリフト

ターレットフォークリフトは、非常に狭い通路用フォークリフトとして分類される。

(1) ターレットフォークリフト

ターレットフォークリフト（マスト回転型およびフォーク回転型）は、通路内で方向転換すること無しに、どちらからもパレットの保管および取り出しができる（図5.21）。パレットは、マスト上を回転するフォーク、または車輌から回転するマストに取り付けられたフォークにより持ち上げられる。

ターレットフォークリフトは、高さ最大50フィートのパレットにアクセスでき、限られた床スペースにおいて保管密度を上げることができる。このフォークリフトはまた、通路幅が5から6フィートでも走行可能なため、保管密度を向上することができる。

このフォークリフトは、通常通路の外においても高い操作性を発揮し、伸縮式マストの付いた一部の車種は出荷用トレーラー内にも入ることができる。

このフォークリフトは、ワイヤガイドまたは通路にレールが設置されており、それにガイドされて動くため、高い走行速度と安全性を維持し、同時に車輌ま

図5.21 ワイヤガイドのターレットフォークリフト（ヴェライズン、アトランタ、アメリカ）

たはラックへのダメージが起こる確率を下げることができる。

無人搬送車

無人搬送車には、自動倉庫、無人フォークリフトが含まれる。

（1）自動倉庫

パレット単位で保管する自動倉庫は、一般にはパレット自動倉庫と呼ばれる。自動倉庫はマテリアルハンドリング研究所の自動倉庫部門により、「固定された軌道上を保管および取り出し（S/R）する台車が、固定された保管ラックの通路に設置された1本以上のレール上を移動する」と定義される（図5.22）。

図5.22 ロンドンにあるアルゴスのDCの自動倉庫

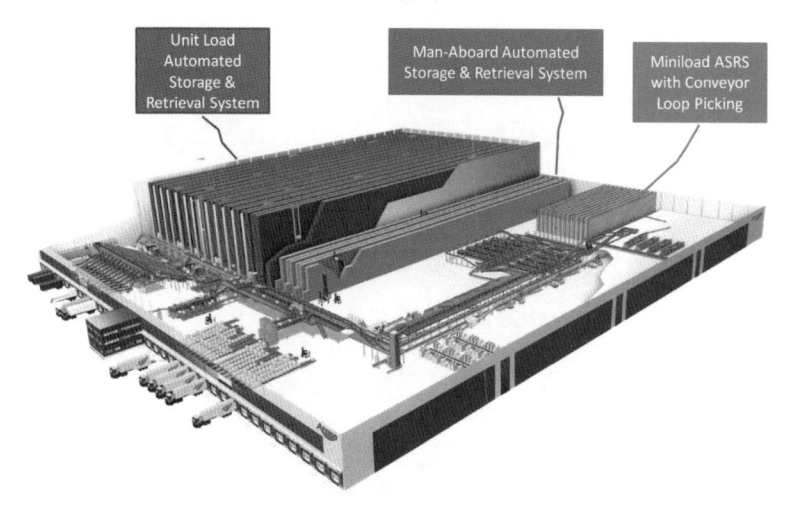

パレット自動倉庫は、通常1000ポンド以上あるパレットをハンドリングし、原材料、半完成品、完成品に使用される。自動倉庫の典型的な運用は、スタッカークレーンが自動倉庫の前面でパレットをピックアップし、それを空きロケーションに搬送、格納した後、空のまま入出庫ステーションに戻ってくる。この運用はシングルコマンドと呼ばれる。シングルコマンドは、ステーションからロケーションへアクセスし戻ってくるサイクルの間に、格納もしくは取り出しが実行される。より効率的な運用は、デュアルコマンドである。デュアル

パレット保管およびハンドリングシステムの全体像 [第5章]

コマンドは、スタッカークレーンが入出庫ステーションでパレットをピックアップし、それを空きロケーションに搬送し（通常ステーションに最も近い空きロケーション）、それを格納した後、空の状態で次のロケーションへ移動し、そこで別のパレットをピックアップし、それを積んだ状態でステーションに戻り、降ろす。デュアルコマンドで重要なことは、格納と取り出しの2つの運用が、1サイクルの間に完了することである。

スタッカークレーンの移動の主な特徴は、垂直と水平方向の移動が同時に行われることだ。その結果、ラック内のいかなるロケーションへの移動も、最短時間で行うことが可能となる。走行速度は、水平方向に毎分600フィート程度で、昇降速度は毎分150フィート程度である。

典型的なパレット自動倉庫の構成には以下が含まれる。パレットは長く狭い通路に沿って設置された1ディープのラックに保管され、各通路にはスタッカークレーンが設置されている。1つの入出庫ステーションが、最下段の端部に設置されている。

ただし多くの場合、自動倉庫の構成には決まりが無い。構成要素のバリエーションには、保管の奥行き、1通路に割り付けるスタッカークレーンの数、そして入出庫ステーションの数および設置場所が含まれる。これらのバリエーションについて以下にそのいくつかを解説する。

第1のバリエーションは、保管の奥行きによるものである。つまり、パレットの形状が標準的で、その生産性要件が中から高程度であり、保管されるパレット数が多く、ラックに1ディープ以上で保管することにメリットがある場合だ。このタイプのシステム構成は以下を含む。

- 通路幅が1パレット分でダブルディープラックに保管。同一SKUのパレットは、通常同じロケーションに保管される。スタッカークレーンは、ラックに保管される2ディープの奥側のパレットにアクセスできるようになっている。

- 通路幅が2パレット分でダブルディープラックに保管。スタッカークレーンは2パレットを一度に運び、ダブルディープのロケーションにパレットを挿入する。

- 通路幅が1パレット分で2パレット以上の奥行きを持つラックに保管。保管専用のスタッカークレーンが、通路の両側のラックフェースにパレットを格納する。保管レーンはそれぞれ最大10パレット分の奥行きを持ち、ラックは可動式で、傾斜式または動力式コンベヤを持つレーンである。ラックのアウトプット側（通路の反対側）では、取り出し専用のスタッカーク

レーンがラックからパレットを取り出していく。

　第2のバリエーションとして、トランスファーカー（スタッカークレーンを乗せて横移動する自動搬送台車）を使って、スタッカークレーンが通路間を移動するタイプがある。トランスファーカーは、保管要件がスループット要件に比べて相対的に高い場合に使用される。このバリエーションは、各通路にスタッカークレーンを導入することが正当化できない場合に用いられる。

　第3のバリエーションは、入出庫ステーションの数およびその設置場所である。スループット要件または施設の構造上の制限により、複数の入出庫ステーションがラック端部以外に必要となる場合がある。ステーションの数を増やし、入庫と出庫パレットを別々に扱うことで、スループット能力を向上することができる。また、入出庫ステーションの設置場所は、ラックの端部（一部の自動倉庫は地下に埋設されている）に加え、ラックの中央などに設置されることがある。

（2）無人フォークリフト

　無人フォークリフトは、ドライバーのいないカウンターバランスフォークリフトである（図5.23）。無人フォークリフトは、ウェアハウスの床の下1インチ未満に埋め込まれた格子状の誘導線を通して指示を受け、庫内を動き回る。この種のフォークリフトは、あまり見かけないものであり、賃金レートが高い場合、労働力が希少である場合、従業員定着率の悪化が予測される場合等に正当化される。

図5.23　無人フォークリフト（テキサスインストルメンツ、テキサス、アメリカ）

パレットハンドリングシステムの比較

表5.2はこれまで解説した各パレットハンドリングシステムの主要機能を比較したものである。

表5.2 パレットハンドリングシステムの比較

フォークリフト分類	フォークリフトタイプ	揚高範囲 (ft) 低	揚高範囲 (ft) 高	必要通路幅 (ft) 狭	必要通路幅 (ft) 広	移動速度 (ft/min)	リフト速度 (ft/min)	トラックへの積み込み/荷降ろし可不可
伝統的	ウォーキー	5	15	8	10	250	50	可
伝統的	カウンターバランス	15	25	9	12	560	80	可
狭い通路用	ストラドル	25	35	8.5	10	470	60	一部可
狭い通路用	ストラドルリーチ	25	35	8.5	10	490	60	一部可
狭い通路用	サイド	35	45	7	8	440	50	不可
非常に狭い通路用	ターレット	40	60	5.5	7	490	75	不可
無人搬送車	自動倉庫	50	120	5.5	5	600	100	不可
無人搬送車	無人フォーク	8	12	5	6.5	500	70	一部可

3 パレット保管およびハンドリングシステムの選定

パレット保管およびハンドリングシステムは、高保管密度と高格納/取り出し生産性の両方を考慮して選定されなければならない。各アイテムは固有の需要プロファイルを持ち、同時に各ハンドリングシステムは異なる生産性を提供する。従って、重要なことはそれぞれのアイテムについて適正な保管/取り出しシステムの組み合わせを決めることである。クライアントのこの決定を支援するために、我々はRightStore™パレット最適化システムを開発した。これは、スペースコスト、人件費、ラックコスト、フォークリフトコストを考慮し、ウェアハウス内の各アイテムについて最小コストの保管/取り出しシステムを選定

図5.24 大手消費財メーカーのために実施したRightStore™最適化の画面イメージ

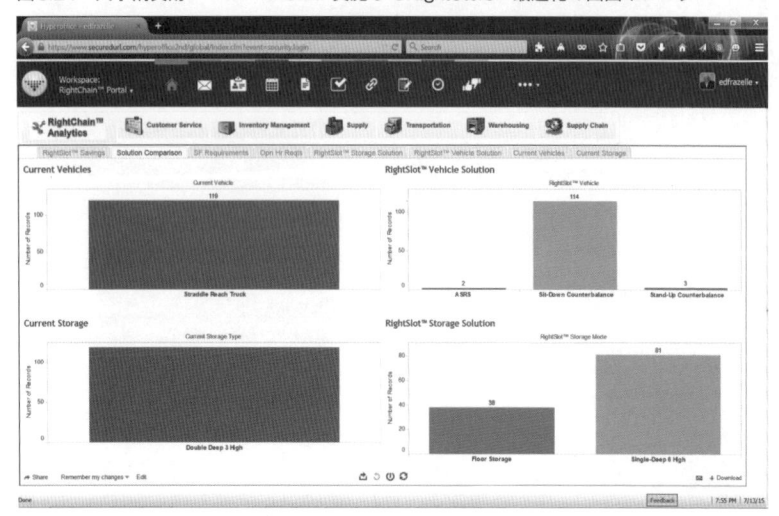

するためのものである。図5.24に、最近あるクライアントに実施した分析事例を示す。この事例において、RightStore™は、現行のストラドルリーチフォークリフトに代わって、着座式カウンターバランスフォークリフト/起立式カウンターバランスフォークリフト/自動倉庫を、また現行のダブルディープ保管に代えて、平置きとシングルディープの6段ラックを推奨している。これにより、総保管コストの28%にあたる年間847,000ドルの削減に成功したのである。

Chapter 第6章

RightStore™ Cases ケースピッキングシステムの全体像

我々のRightHouse™ケースピッキングシステムの体系（図6.1）では、はじめに1ケースをピッキングする（シングルケースピッキング）か、またはパレットの1段全部をピッキングする（レイヤーピッキング）かを決定する。

シングルケースピッキングシステムは、さらに以下3タイプのピッキングシステムに分類される。ひとつは、1オーダーに含まれる全ケースをピックフェースでピッキングしてパレットに載せるピックツーオーダー／パレットである。ふたつめが、複数のオーダーピッカーがゾーンに割り付けられ、ケースをピッキングしてコンベヤに載せるゾーンピッキングである。これは、自分がピッキングしたケースがどのオーダーに属するものか認識しないため、ピッキングしたケースを出荷オーダー毎に仕分けする下流仕分けシステムまたは、パレタイジングシステムが必要となる。そして、3つめが自動ケースピッキングシステムである。

図6.1 RightHouse™ケースピッキングシステムの体系

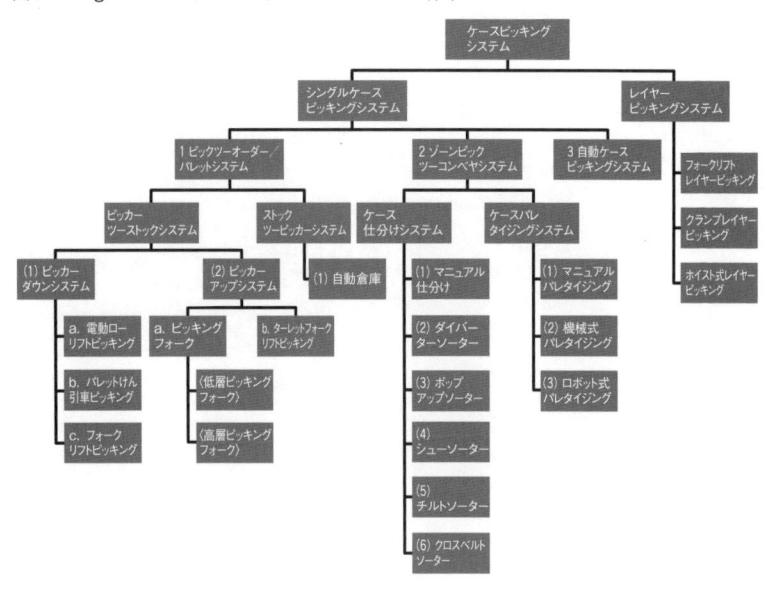

1 ピックツーオーダー/パレットシステム

ピックツーオーダー/パレットシステムにおいては、オーダーピッカーは出荷用パレットと一緒にピックフェースを移動し、ピッキングしながらパレットにケースを積み付けていく。この仕組みの利点は下流において、仕分け/パレタイズのための再ハンドリングが必要ない点である。一方、この仕組みの欠点は、ピックフェースにおけるハンドリング生産性のロスにある。

さらにこのシステムは、ピッカーツーストック（PTS）システム（作業員またはロボットピッカーが、電動ローリフト、パレットけん引車またはフォークリフトを使って商品の保管ロケーションに移動する）か、またはストックツーピッカー（STP）システム（自動倉庫のようにパレットを、通路端部の人間またはロボットのところへ持ってくる）に分類される。

ピッカーツーストック（PTS）システム

ピッカーツーストック（PTS）システムは、ピッカーダウンシステムとピッカーアップシステムに分類できる。

(1) ピッカーダウンシステム

ピッカーダウンシステムは、作業員またはロボットピッカーが床の高さでピッキングを行うものをいう。落下事故が起こる可能性を排除し、同時に垂直方向への移動による生産性ロスも発生しない。このシステムは、電動ローリフトピッキング、パレットけん引車ピッキング、フォークリフトピッキングを含む。

a．電動ローリフトピッキング（Pallet Jack Picking）

電動ローリフトは、床の高さでパレットを搬送するためのフォークを備えた電動式の車輌である。作業員は通常、車輌の前側に乗り、後ろ側にあるフォークにパレットを載せて移動する。ダブルパレットローリフト（図6.2）は、一度に2枚のパレットを運ぶことができ、作業員は一度に1オーダー以上をピッキングすることができる。ローリフトは、ケースピッキングにおいて最も広く使われており、特に食品業界においては一般的である。電動ローリフトピッキングは、別名"グローサリーピッキング"とも呼ばれる。

図6.2 メキシコのモンテレーにある食品小売業オクソのDCにおけるダブルパレットローリフトを使った音声ピッキング

電動ローリフトピッキングの利点は、必要な設備投資が小さく、コンセプトがシンプルで柔軟性があり、ピッキング活動がすべて床の高さで行われるため安全であることだ。ローリフトには端末、プリンターが搭載され、清掃用具などが備えられていることもある。ドライバーがいないガイド式自動ローリフト（図6.3）は、ピッキングに際してピッカーをリードし、各ピックロケーションで自動的に停止する。通常電動ローリフトピッキングは1人時当たり100から300ケースのピッキング生産性を発揮する。

図6.3 ケースピッキングにおけるシスコイーグル社のガイド式自動ローリフト（アメリカ）

b．パレットけん引車ピッキング（Pallet Trains Picking）

パレットけん引車（図6.4）は、ピッキングツアー時のパレット数またはオーダー数を増やすために、駆動式の車輌の後ろに複数の台車を取り付けてけん引することができる。パレットけん引車は、作業員が1ピッキングツアーで3パ

レット以上けん引できるため、1ツアー当たりのピッキング回数を増やすことができる。さらに各ピッキング間の歩行時間が短縮されるため、作業員の生産性を向上することが可能になる。反対に、その欠点は、狭い通路を通る時の操作性が悪いことと、通路内で停止している際、車輌の逆側への移動が制限されることである。

図6.4 ホンダのナショナルパーツDCにおけるパレットけん引車ピッキング

c．フォークリフトピッキング

フォークリフトは、しばしばケースピッキングの運用において、過小評価されがちであるが、実際には多くのケースピッキングにうまく活用されている。その理由としては、フォークの高さを調整することでピッキング作業を腰の高さで行うことができ（図6.5）、またウェアハウス内の長い距離を高速で走行することができ、さらにパレットを出荷トラックに直接積み込むことができるためである。

図6.5 大手飲料メーカーのDCにおけるフォークリフトピッキング（東京、日本）

(2) ピッカーアップシステム

ピッカーアップシステムは、作業員が床の高さよりも高い位置でケースをピッキングするものである。ピッカーアップシステムには、ピッキングフォークとターレットフォークリフトが含まれる。

a. ピッキングフォーク（Order Picker Trucks）

ピッキングフォークは、ピッカーを床の高さより高い位置に持ち上げ、装備されているフォークでピッキング用パレットを支えるものである。低層ピッキングフォークは、ラックの2段目または3段目まで作業員を持ち上げる。高層ピッキングフォークは、ラックの4段目または5段目までリーチできる。

〈低層ピッキングフォーク〉

低層ピッキングフォークは、操作性が良く、低コストで、ピッキング作業員を安全にパレット保管ラックの2段目または3段目まで持ち上げる（図6.6）。フォークと一緒にプラットフォームが上下に移動することにより、作業員は腰の高さでピッキング作業ができる。

図6.6　アトレット社の低層ピッキングフォーク（スウェーデン）

〈高層ピッキングフォーク〉

ピッキングフォークは、"ストックピッカー"と呼ばれることもあり、ピッカーは床よりもはるかに高い位置にあるロケーションでのピッキングが可能になる（図6.7）。垂直方向の移動速度は、水平方向の移動速度よりもはるかに遅いため、作業員はピックロケーション前に車輌を駐める際、特に慎重に行う必要がある。このタイプのフォークの生産性は、1人時当たり50から100ケース程度と低い。ただし、出荷頻度を基準にした保管と、効率的なピッキングツアーの構築によ

り、垂直方向の移動を最小化することで生産性を向上することができる。従って、このタイプのフォークは高い保管密度が必要となる低回転アイテムのピッキングに活用される。

図6.7 全米癌協会のナショナルロジスティクスセンターにおける高層ピッキングフォーク

b．ターレットフォークリフトピッキング

ターレットフォークリフトは、ピッキングフォークと同様に、狭い通路内の非常に高い位置で作業をすることができる（図6.8）。このフォークリフトは、パレット保管ラックの5段目以上にリーチして、ピッキング作業をすることができる。ターレットフォークリフトピッキングでは、高い保管密度が維持できるが、ピッキング生産性はさらに低くなり、1人時当たり25から75ケース程度である。

図6.8 ターレットフォークリフトピッキング

ストックツーピッカー（STP）システム

(1) 自動倉庫

　自動倉庫が、通路端部で静止している作業員またはロボットピッカーのところへ、自動的にパレットを搬送するために使われることがある（図6.9）。作業員は、保管パレットから出荷パレットに指示されたケース数を移載する。両方のパレットは、ハンドリングをし易くするために、作業員の腰の高さ近くに配置することができる。このシステムの利点は、保管パレットの保管密度を高くできること、人間工学的に優れた作業環境を提供できること、そして作業員が静止しているために高い生産性が得られることである。欠点は、高度な機械化と関連する大きな設備投資の必要性、およびコントロールの複雑性が挙げられる。

図6.9　通路端部の自動倉庫ケースピッキング（ネットー社、コペンハーゲン、デンマーク）

2 ゾーンピックツーコンベヤシステム

　ゾーンピックツーコンベヤシステム（図6.10）では、ベルトまたはローラーコンベヤがケースピッキングラインの長さに合わせて設置されており、作業員またはロボットピッカーがピックラインに沿って移動しながら、保管パレットロケーションからケースをピッキングし、出荷用ベルトまたはローラーコンベヤに置いていく。通常、作業員は保管ロケーションからケースを取り出す際、バーコードラベルを各ケースに貼付していく。バーコードラベルは、下流で各

ケースを顧客オーダーに仕分ける時に、ケースを識別するために利用される。

図6.10 ゾーンピックツーコンベヤシステム

ピックツーコンベヤシステムのピックツーオーダーに対する優位性は、ピッカーがゾーンに固定されるため、ピックからピックの間の歩行距離が短くなり、またピッカーがピッキングしながらパレタイズする必要性を排除するため、ピックフェースでの生産性が大幅に上がることだ。一方、このシステムの欠点は、下流で仕分けとパレタイズの必要があることである。従って、このシステムを正当化するためには、下流で必要となる仕分けとパレタイズ工程および機械化に要するコスト増を上回るだけの、十分なピッキング生産性の向上がなければならない。

ほとんどのピックツーコンベヤシステムでは、ケースをパレタイズする前、または出荷トラックに積み込む前に、出荷オーダーごとに仕分けしなければな

図6.11 メザニンを使った高層のピックツーコンベヤシステム

らない。そのため、ラベルが貼付されたケースを適切なシュートに仕分けするために、多様な形のソーターが利用されている（次節参照）。

ピックツーコンベヤシステムは、しばしばメザニンフロアに配置される。高層フローラックの2層、3層、または4層にメザニンを作り、各メザニンの中央にコンベヤを設置している（図6.11）。高層フローラックへの補充は、ピックフェースとは反対の狭い通路からターレットフォークリフトなどを使って行われる。

ケース仕分けシステム

ケース仕分けシステムは、製品を特定のシュートに搬送するために、製品を合流させ、識別し、インダクションを通過させ、ソーターで仕分けするために活用される。仕分けシステムは、複数のピッキングゾーンから流れてくるケースを統合する合流コンベヤ、適切な間隔にするインダクションコンベヤ、そして指定されたシュートに仕分けをするソーターの3つから構成される。ここでは、ソーターを取り上げて解説する。

ソーターはさらに、(1) マニュアル仕分け、(2) ダイバーターソーター（プッシャー式、箒式、熊手式）、(3) ポップアップソーター（ポップアップローラーやチェーン）、(4) シューソーター、(5) チルトソーター（トレイやスラット）、(6) クロスベルトソーターに分類される。ソーターはコンベヤシステムの中で、ラベルが貼付されたケースを適切なシュートに仕分けするため使われる。

(1) マニュアル仕分け

マニュアル仕分け（図6.12）では、作業員がアキュームコンベヤ上のケースを識別し、それらを出荷パレットまたはカゴ車に仕分けする。

図6.12 店舗オーダーに従って、出荷ケースをカゴ車に手作業で仕分けする

(2) ダイバーターソーター

マテリアルハンドリング研究所によると、ダイバーターソーター（図6.13）は固定式または可動式のアームで、コンベヤ上を移動する製品を押すか、引くことで指定されたシュートに向かわせる。アームがコンベヤと接触しないため、このソーターは通常、表面が滑らかなスチールベルトコンベヤとの組み合わせで使われる。ダイバーターソーターは、油圧式または空圧式、またはモーターでアームを動かす。このソーターは、構造がシンプルで、メンテナンスの必要性が低く、比較的低コストであるが、壊れやすい製品の扱いには不向きである。このタイプのソーターは、運送会社の仕分けターミナル等で一般的に見ることができる。

図6.13 大手工業製品DC内で使用されているプッシャー式のダイバーターソーター

(3) ポップアップソーター

ポップアップソーター（図6.14）は、駆動式ローラーまたはチェーンにより構成され、コンベヤの表面から浮き上がる（ポップアップ）ことでコンベヤ上

図6.14 駆動式ローラーのポップアップソーター（ナイキ、アムステルダム、オランダ）

を移動する製品を持ち上げ、指定された角度に方向転換する。製品が仕分けられる必要がない時は、ポップアップローラーはコンベヤの下に隠れている。このソーターは、底が平らなアイテムのみに適用することができる。ポップアップローラーは、通常ポップアップチェーンよりも分岐速度が速い。

(4) シューソーター

シューソーター（可動式スラットソーターまたはサーファーソーターとしても知られる）は、対象の製品をコンベヤからシュートに仕分けるために、一連のスライドシューが水平方向にスライドする。スライドシューは、製品を仕分けするために片側から反対側へ流れるように移動する（図6.15）。このソーターは、製品への接触が優しく、緩やかに仕分けしていく。

図6.15 シューソーター

(5) チルトソーター

チルト（傾く）ソーター（図6.16）は、仕分けと搬送の両方の機能を持つト

図6.16 チルトトレイソーター
（ネットー社コペンハーゲン、デンマーク）

レイまたはスラットから構成される。どちらも製品をシュート上に落として仕分けるため、トレイ／スラットとシュート面との間に高さを設ける必要がある。チルトトレイは、製品が初回に仕分けされなかった時に継続して循環できるようにループ構造になっている。また、トレイの進行方向に対して、シュートを直角に設置することができ、かつトレイが左右どちら側にも傾くため、同一スペースにより多くのシュートを設置することができるため、出荷先の多い通販会社のDCに利用されることが多い。チルトスラットは、製品をトレイの大きさに左右されることのないスラットコンベヤ上で運ぶため、チルトトレイに比べて多様なサイズや形状の製品を仕分けることができる。

(6) クロスベルトソーター

クロスベルトソーター（図6.17）もチルトソーターと同様に、ループ型のレイアウトで導入される。このタイプのソーターは、セルと呼ばれる独立した搬送トレイ（キャリア）それぞれに、トレイの進行方向に対して直角に小さなベルトコンベヤが組み込まれており、指示されたシュートに製品を払い出す。クロスベルトソーターは、ループ状の線路をキャリアが移動する構造になっており、以下の2つのタイプがある。1つ1つのキャリアがすべてつながって連続しているタイプ、そして複数のキャリアが連結してグループを形成するタイプである。チルトソーターと同様の理由で、出荷先の多い通販会社のDCに利用されることが多い。

図6.17　クロスベルトソーター

ケース仕分けシステムの比較と投資正当化

ケース仕分けシステムの能力およびコストの比較を表6.1に示す。左から右へ行くほど、複雑性の高いシステムとなり、同時にコストも大きくなる。

最近あるフルフィルメント会社のために行った仕分けシステム正当化の事例

表6.1 ケース仕分けシステムの比較

	仕分けのメカニズム						
	マニュアル	プッシュ式	プル式	ポップアップホイール	ポップアップローラー	シュー	チルトトレイ
最小仕分け数/分	15	30	30	65	15	50	65
最大仕分け数/分	25	35	40	150	20	150	300
最大積載重量	75	75	100	300	200	200	300
ロードとロードの最小距離	0	5	2	4	0	4	2
仕分け時の衝撃強度	弱	中	強	弱	弱	弱	強
初期投資コスト	最小	中	大	大	小	大	最大
メンテナンスコスト	最小	小	中	中	小	大	最大

図6.18 大手フルフィルメント会社のためのRightSort™分析

Baseline ACTIVITY	Rate (upmh)	Avg FTEs
Replen Flow Rack	10,000	7
Pick & Pack	376	186
Check	5,000	14
Tray & Box Prep		5
Returns	200	28
Maintenance		1
Total FTEs		233

Annual Labor Cost	$6,995,106

Order Accuracy	95.0%
Bad Orders Per Yr	46,875
Imperfect Order Cost	$703,125

Square Feet	60,000
Annual Space Cost	$334,200

Total Annual Cost	$8,032,431

Sorter ACTIVITY	Rate (upmh)	Avg FTEs
Case Induct	5,700	12
Piece Induct	2,000	35
Pack & Seal	1,120	63
Tray & Box Prep		12
Returns Induction	1,200	5
Returns Packing	550	10
Maintenance		4
Total FTEs		141

Annual Labor Cost	$4,218,876
Annual Savings	$2,776,231

Order Accuracy	99.5%
Bad Orders Per Yr	4,688
Imperfect Order Cost	$70,313
Annual Savings	$632,813

Square Feet	60,000
Annual Space Cost	$334,200

Total Annual Cost	$4,623,388
Total Savings	$3,409,043
Investment	$5,000,000

Year	Cash Flow
0	($5,000,000)
1	$3,409,043
2	$3,409,043
3	$3,409,043
4	$3,409,043
5	$3,409,043

Payback	1.47

Year	IRR
1	-32%
2	23%
3	46%
4	57%
5	62%

Year	NPV
1	($4,166,667)
2	($1,799,275)
3	$173,550
4	$1,817,572
5	$3,187,590

ケースピッキングシステムの全体像 [第6章]

を図6.18に示す。この時のソーターへの投資は500万ドルであり、年間約340万ドルの節約が見込まれたため、投資回収期間は1.47年であった。

ケースパレタイジングシステム

各ケースが指示されたシュートに仕分けされたら、ケースは（1）マニュアル、（2）機械、（3）ロボットによりパレタイズ（パレットへの積み付け）されなければならない。

（1）マニュアルパレタイジング

マニュアルパレタイジングは、企業にとって技術的にも財務的にも実現可能な唯一のパレタイジング方法であることが多い（図6.19）。コンピュータ管理されたパレット積み付け支援システムは、多様なディメンションのケースをパレットに積み付ける時、作業員に最適な積み付け方法を指示することができる。

図6.19 マニュアルパレタイジング

図6.20 リフトおよびターンテーブルを使ったマニュアルパレタイジング（全米癌協会、アトランタ、アメリカ）

141

また、出荷パレットの積み付け位置を作業員の腰の高さに維持するリフトおよびターンテーブル（図6.20）は、パレタイジングの生産性および安全性を著しく改善する。

(2) 機械式パレタイジング

コンベヤを使った機械化されたパレタイジングシステムを図6.21に示す。機械式パレタイジングシステムは、マニュアルパレタイジングシステムよりも速く、安全である。ただし、機械式は、マニュアル式よりもはるかに高コストであり、さらにケースのサイズおよび形状が大きく異なる場合、マニュアル式のように柔軟に対応することができない。

図6.21 機械化されたパレタイジングシステム（大手トイレタリーメーカー、さいたま、日本）

(3) ロボット式パレタイジング

ロボットを使ったパレタイザー（図6.22）は、同時に様々なサイズおよび形

図6.22 ロボット式パレタイジングシステム

ケースピッキングシステムの全体像 [第6章]

状のケースと出荷用パレットに対応できるが、機械式パレタイザーほど速く積み付けることはできない。

3 自動ケースピッキングシステム

　自動ケースピッキングシステム（図6.23）は、完全自動化されたケースピッキングの仕組みである。自動ケースピッキングシステムの利点は、作業員および関連する労働力、そして作業員の労災コストを完全に排除できることにある。一方、大きな欠点は、メンテナンスおよび設備投資が高額になることである。自動ケースピッキングシステムは、1時間当たり最大3,500ケースのピッキングが可能である。

図6.23　自動ケースピッキングシステム（大手トイレタリーメーカー、さいたま、日本）

4 レイヤーピッキングシステム

　レイヤーピッキングシステム（図6.24と図6.25）は、機械的にパレットから

143

ケースの1層（1段）分を取り出すことに使われる。レイヤーピッキングシステムには多様なメカニズムが使われており、フォークリフトの締め付けアタッチメントでピッキングする方式、真空吸引式でパレットの最上段を吸い上げて整列ラインへ投入する方式、4方向から機械的に締め付けて整列ラインへ投入する方式、そして天井クレーンでレイヤーピッキングする方式等がある。他のケースピッキング手法に対するレイヤーピッキングの利点は、人間が介在した作業の排除と、高いケースハンドリング能力にある。典型的なレイヤーピッカーは、1時間当たり750から1,000ケースのハンドリングが可能である。一方、この仕組みの欠点は、高度な機械化とそれに関連する高コストにある。結果として、このシステムは通常、顧客が1段全部といった高ボリュームでオーダーする傾向が強く、作業員の人件費が高い場合にのみ正当化することができる。

図6.24 大手飲料メーカーのDCにおける、フォークリフトアタッチメントを使ったケースレイヤーピッキング

図6.25 日本の大手トイレタリーメーカーの機械式締め付け型レイヤーピッキング

Chapter 7

RightStore™ Pieces ピースピッキングシステムの全体像

RightHouse™ピースピッキングシステムの体系は、ピッカーツーストック（PTS）、ストックツーピッカー（STP）、自動ピースピッキングから構成される（図7.1）。PTSシステムでは、ピッカーは歩行または車輌に乗ってピッキングロケーションに移動する。STPシステムでは、在庫は機械的に（カルーセル、自動倉庫、またはガイド式無人搬送棚を介して）静止したピッカーのところへ搬送される。自動ピースピッキングシステムでは、アイテムは自動的に出荷ケースまたはパンの中に払い出される。この章では、これらのシステムの、長所、短所、適用方法、関連するコストについて解説する。これまで同様、コスト、複雑性、自動化のレベルが低いものから高いものへという順序で進めていく。この章は、また"スモールアイテム"の保管システムの中から何を選定すべきか、その方法についても解説する。

図7.1　RightHouse™ピースピッキングシステムの体系

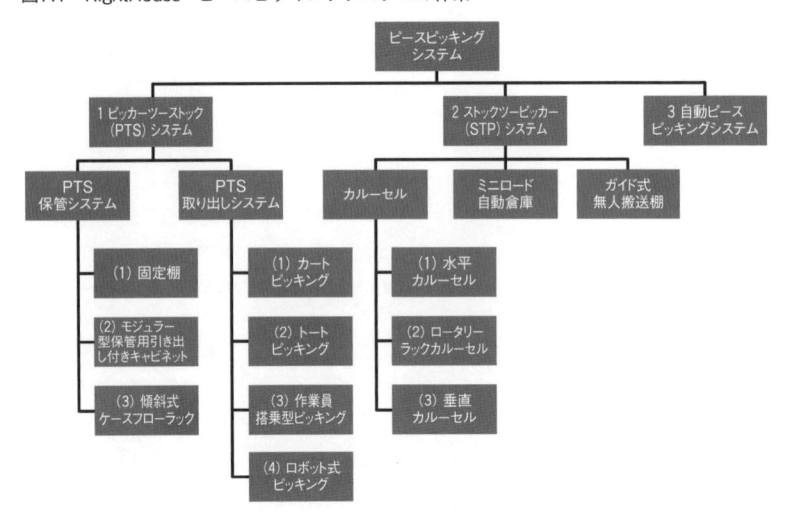

1　ピッカーツーストック（PTS）システム

　PTSシステムにおいては、ピッカーはピッキングロケーションへ歩行また

は車輌に乗って移動する。PTSシステムは、PTS保管システムとPTS取り出しシステムから構成される。最も広く使われているPTS保管システムとPTS取り出しシステムを、以下に解説する。

PTS保管システム

PTS保管システムには、固定棚、モジュラー型保管用引き出し付きキャビネット、傾斜式ケースフローラックの3つがある。

(1) 固定棚

固定棚（図7.2）は、小さいアイテムのピッキングにおいて最も長い歴史を持ち、そして今日でも最も広く利用されている（売上および導入件数）設備である。固定棚の利点は、低コストで、簡単にレイアウト変更ができ、ほとんどメンテナンスの必要がないことである。

図7.2 典型的な固定棚

残念ながら、初期投資の小さいことは、必ずしもコスト効率が良いとは限らず、またウェアハウスに対する優先順位の高いニーズを満足するとは限らない。導入における初期投資を抑えることができても、それによる床面積の拡大、過剰な労働要件、アイテムのセキュリティの低さなどによるコストが発生することにより相殺されてしまうかもしれないからだ。

さらに、棚の内部スペースがフル活用されることは稀であり、保管スペースは十分に活用されないことが多い（図7.3）。また、棚の高さがピッカーの届く範囲に制限されてしまう場合がある。結果として、建物の利用可能な容積が、十分に活用されないという状況が発生することになる。

図7.3 デジタル表示器を備えた固定棚…各ロケーションのアイテムの上側スペースに無駄が目立つ（大手小売業、東京、日本）

スペース活用率の低さに加えて、固定棚にはいくつかの欠点がある。第1に、製品を保管するために大きな床面積が必要となることだ。第2に、床面積が大きいほど、ピッカーの歩行距離が長くなり、よって労働要件そして人件費が高くなるのだ。

さらに固定棚には、監督の難しさとアイテムのセキュリティ／保護という問題がある。監督の難しさは、広い床スペースに棚が迷路のように広がっているため、作業員の動きを捉えることが難しいことに起因する。セキュリティとアイテムの保護の問題は、棚が開放されているため、つまり全アイテムが露出しており、ピッキング通路から作業員や訪問者からも容易にアクセスできるために発生する。

建物の容積および床面積の活用率を改善するためには、メザニン階に置いたり、可動式にするといった方法がある。

(2) モジュラー型保管用引き出し付きキャビネット

モジュラー型保管用引き出し付きキャビネットは、各保管キャビネットがモジュラー型保管用引き出しを内包し、引き出しはさらにモジュラー型保管コンパートメント（細分化した小さいセル）に分割されているために、そう呼ばれる。引き出しの高さは、3インチから24インチで、各引き出しは最大重量400ポンドまで保管することができる。

保管用引き出し付きキャビネットの固定棚に対する大きな優位性は、非常に多くのSKUを保管し、しかもピッカーが短い歩行距離でピッキングできることにある。1つの引き出しで、1から100SKU（サイズ、形状、アイテムの在庫レベルにより異なる）を保管でき、通常保管キャビネットは2から4本分の固定棚に相当する製品を保管することができる。この優れた保管密度を生み出す

引き出しの特性は、異なるSKUの保管容積の組み合わせにフィットする引き出しのサイズを選択できることにある（固定棚のようなスペースの無駄が発生しない）。また、引き出しはピッキングする際に通路に向けて引き出せるため、固定棚のように各ロケーションのSKUの上側にピッカーの手と前腕を入れるためのスペースを設ける必要がない（図7.4）。

図7.4 保管用引き出しを使った典型的なメンテナンスパーツのためのピッキング

より多くのSKUをより小さな床スペースに保管できるため、保管用引き出しに必要な全体のスペースは、固定棚に比べて著しく小さくなる。製造フロア、組み立てエリア、または空港のようにスペースの価値が非常に高い場合、あるいは建物の増築に直面した場合、スペース要件の削減だけでも、保管用引き出しへの投資は十分に正当化されるはずである。

保管用引き出しにより達成されるその他の利点としては、ピッキング精度およびアイテムの保管環境からの保護が挙げられる。ピッキング精度は、固定棚よりも高くなるが、その理由はピッカーのアイテムに対する視線が改善することと、露出したアイテムに当たる光の量が増えるからである。固定棚の場合、アイテムの取り出しは床から7フィートの高さの間で行われるが、ピッカーは棚の中に手を入れてアイテムの取り出しを行わなければならない。一方、保管用引き出しでは、アイテムをピッカーに対して露出させるためには、引き出しを引き出せばアイテムを取り出すことができる。従って、ピッカーは、通路の照明により照らされる引き出し内のアイテムを下に見ることになるからである。この場合、現実的には、ピッカーが引き出しを見下ろすためには、引き出しの高さは5フィート未満に抑える必要がある。また、使用しない時は、引き出し

を閉じて、鍵をかけられるため、優れたアイテムセキュリティおよび保護を達成することができる。

1立方フィート当たりの保管コストが非常に高いため、保管用引き出しは、容積の非常に小さいオンハンド在庫（通常0.5立方フィート未満）と、スペースコストおよびアイテムセキュリティと保護の必要性が非常に高い場合のみ、その投資を正当化することができる。

固定棚の場合と同様に、保管用引き出しもメザニン階に置いたり、可動式にすることによってスペースを有効に活用することができる。

(3) 傾斜式ケースフローラック

傾斜式ケースフローラック（図7.5）は通常、ピースでの出荷容積が大きく、保管時のケースのサイズと形状が極めて安定しているSKUに対して利用される。ケースは、ラックの後ろ側の通路から補充され、ピックフェースにおいてケースが取り出されるに従い、重力により前側に動いていく。この後ろから前への動きが、アイテムの先入れ先出しを保証する。

図7.5 傾斜式ケースフローラックのピッキングフェース

フローラックの各レーンは、通常複数のケースが格納できる奥行きを持つ固定棚の後側から、ピックフェースに向かって傾斜したローラーを取り付けたものだ。レーンの奥行きが深いほど、通路スペースに対して保管に使用される床スペースの割合は大きくなる。ケースフローラックのレーンに1回の補充量1パレット分を置けるだけの奥行きを確保することで、補充の労働生産性を改善できる。

固定棚の場合と同様、フローラックはメンテナンス要件が非常に小さく、多くのベンダーの多様な標準仕様から選択することができる。

フローラックはまた、ピックフェース1ロケーションに1アイテムしか置かれていないため、ピッキング通路に沿ってピッカーはより多くのSKUにアクセスできる。従って、ケースフローラックを用いた効率的なレイアウトにより、歩行距離と労働力要件を同時に引き下げることができる。傾斜式ケースフローラックには、2ケース以上のオンハンド在庫を持つアイテムだけを割り付けなければならない。

PTS取り出しシステム

PTS取り出しシステムは、カートピッキング、トートピッキング、作業員搭乗型ピッキング、ロボット式ピッキングを含む。それぞれのシステムの、長所、短所、オペレーションについて以下に解説する。

(1) カートピッキング

カートピッキングには多様なバリエーションがあるが、いずれもピッカーがピッキングしながら、オーダーの蓄積、仕分け、事務処理、梱包を行うものである。一般的なカートは、書類や記録処理のためのスペースがあり、そして自分の届く高さよりも高い所に置かれたものを取り出すための脚立を持っている。バッチピッキングカート（図7.6）は、ピッカーが1つのピッキングツアーにおいて複数のオーダーをピッキングするため、小さなオーダーに対してシングルオーダーピッキングするよりも、その生産性を劇的に改善できる。より先進的なカート（図7.7）は、自動的にカートをピックロケーションへ移動させ、カート上の正しいトートにピッキングした製品を仕分けするために、デジタル表示器を活用し、無線LANを通してWMSと通信することを可能にする。

図7.6 バッチピッキングカート…120件分のオーダーをバッチピックすることでCアイテムのピッキング生産性を劇的に改善（エイボン、アトランタ、アメリカ）

図7.7 デジタル表示器付きバッチピッキングカート（大手化粧品メーカー、東京、日本）

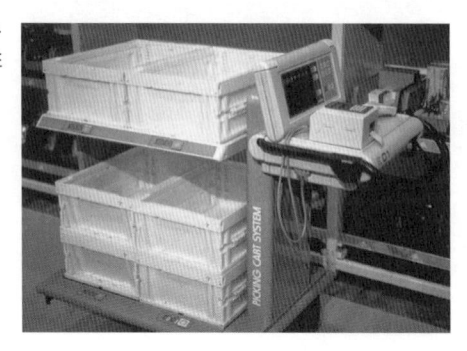

(2) トートピッキング

トートピッキング（図7.8）においては、コンベヤを使ってトートパン（または出荷用カートン）を連続するピッキングゾーンに亘って移動しながらオーダーを完了する。同じトートパンが商品の集品、収容、出荷に使われるため、オーダーの信頼性を確立することができる。トートピッキングは、1人時当たり150から300行でピッキングが可能だ。下流仕分けのためのコンベヤとソーターへの投資を正当化するには、カートピッキングを上回る十分な生産性の改善が必要である。

図7.8 トートピッキングシステム

(3) 作業員搭乗型ピッキング

ここまで解説したシステムにおいては、作業員が床の高さで作業する。建物の容積とスペース活用率を改善するには、ピッカーはピッキングフォーク（図7.9）か作業員搭乗型の自動倉庫を使って、最大40から50フィートの高さのロケーションにアクセスしなければならない。ピッキングフォークの運用につい

ピースピッキングシステムの全体像 [第7章]

ては第6章で解説しているため、作業員搭乗型の自動倉庫の運用について以下、解説する。

図7.9 ピッキングフォーク

作業員搭乗型の自動倉庫（図7.10）は、ピッカーがスタッカークレーンに乗ってピックロケーションに移動するタイプの自動倉庫である。多階層の保管スペースは、固定棚、保管用引き出し付きキャビネット、またはパレットラックのいずれかにより構成される。スタッカークレーンは、特定の通路に固定されているものと、通路間を行き来できるものがある。

図7.10 作業員搭乗型自動倉庫の
　　　　ピッキング作業

通常、ピッカーは、床の高さでシステムの端部から出発して、オーダー行数に応じて複数の保管ロケーションへ移動することにより、1件または複数のオーダーのピッキングをする。ピッカーは、十分な数のコンテナがスタッカー

クレーンに搭載されている場合、搭乗中に仕分け作業を行うことができる。

作業員搭乗型の自動倉庫は、すでに解説したシステムに比べ、非常に大きな床スペースの節約を可能にする。棚の高さがピッカーの届く範囲という制限を受けないためである。棚または保管キャビネットは、荷重制限、スループット要件、そして天井高が許す限り、段数を増やすことができる。高いピッキング生産性を達成するカギは、スロッティングおよびシークエンシング戦略の導入にある。1回の通路往復当たりのピック回数が10回未満の場合、ピッキングは床の高さ近くで行われるようにすべきだ。1回の通路往復当たりのピック回数が10回以上ある場合、作業員が上部および下部のロケーションにくまなくアクセスできるようにシークエンス化されるべきである。その場合、高回転アイテムのまとまりを、上段および下段に置くべきである。作業員は、入出庫ステーションから離れていきながら、下段にあるアイテムに順番にアクセスし、戻るときに上段のアイテムを順番にピッキングするのである。

作業員搭乗型の自動倉庫は、他のどのPTSシステムと比べても圧倒的に高コストである。投資正当化にはカートおよびトートピッキングを超える十分な保管密度および生産性の改善が必要になる。また、垂直方向の移動は、水平方向の移動に比べて遅いため、その生産性は通常、1人時当たり40から250行の範囲となる。このように生産性に大きな幅があるのは、作業員搭乗型の自動倉庫には多様な運用方法が存在するからである。作業員搭乗型システムは通常スペースコストが大きな場合の低回転アイテムのピッキングに適している。

(4) ロボット式ピッキング

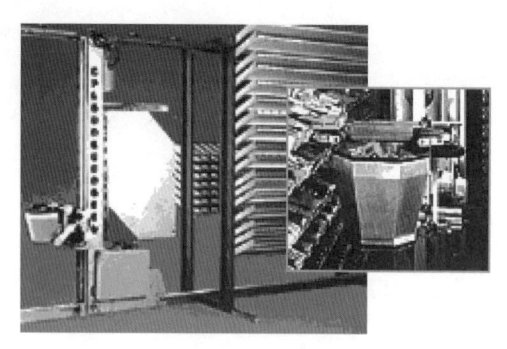

ロボット式ピッキングマシン（図7.11）は、床と天井にあるレールを通して電源供給と通信を行い、自動的にピッキングロケーション順に移動する。この

図7.11 ロボット式ピッキング

マシンには、オーダーの仕分け、集品、収容を可能にする小さなカルーセルが搭載されている。このカルーセルは、ピッキング通路を往復するときに、ロボット上のマストを上下に移動する。ロボットは自動的に、保管ロケーションから保管用引き出しを取り出し、一時的にピッキングマシンの上に置く。その後、ロボットのアームは、保管用引き出し内の特定の保管コンパートメントから搭載されているカメラによりガイドされ、アイテムを直接ピッキングする。ロボット式ピッキングマシンが正当化されるのは、その投資額から非常に稀である。

2 ストックツーピッカー（STP）システム

　主要なSTPシステムには、カルーセル、ミニロード（ケース/カートン/トート）自動倉庫、そしてガイド式無人搬送棚の3つのタイプがある。以下に、各システムについて解説する。

　STPシステムのPTSシステムに対する大きな優位性は、ピッカーの歩行時間を排除できることにある。賃金レートが高い場合、人件費の節約が、STPシステムに必要な設備および制御システムへの投資を十分に正当化できる可能性がある。ただし、もしSTPシステムが、適正に設計されていない場合、ピッキング作業に待ち時間が発生する可能性がある。そうした場合には、STPシステムの生産性はほとんどのPTSシステムの生産性を下回る可能性が高い。

　STPシステムのもう1つの利点は、作業員の監督のしやすさにある。STPシステムでは、すべてのピッキングが通路の端部で行われる。従って、監督者は一瞥するだけですぐにピッキングラインにいる全作業者を把握できるのである。

カルーセル

　カルーセルは、ピッキングのためにアイテムを保管し、（保管ロケーションを）回転する設備である。カルーセルには水平型と垂直型の2つがある。

（1）水平カルーセル

　水平カルーセル（図7.12）は、上部または下部に取り付けられたモーターにより駆動し、棚が連なって回転するものである。回転は床に対して垂直な軸の周りを水平方向に毎分約80から200フィートの速さで回転する。

アイテムは、カルーセルの片方の端部の固定された位置にいるピッカーにより、取り出される。ピッカーはまた、カルーセルの回転にも責任を持つ場合がある。マニュアルコントロールの場合は、キーパッドにロケーションを入力して回転させるか、またはフットペダルを使ってカルーセルを回転させる。一方、コンピュータ制御の場合、ピックロケーションの順番はコンピュータに登録されており、自動的にピッキングのあるロケーションが作業員の前で止まる。

図7.12　フォードのパーツDCにおける水平カルーセルシステム

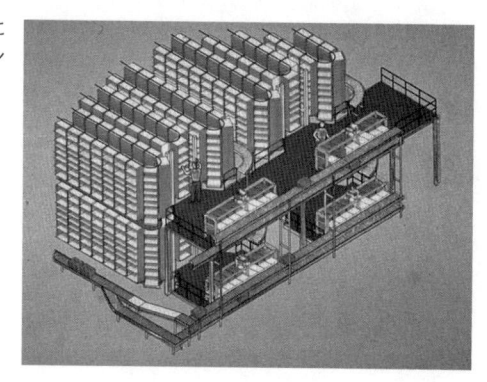

　ピッカーを複数のカルーセルに割り付けることによりピッキングの生産性を高めることができる。もしピッカーが、1台のカルーセルに割り付けられた場合、ピックから次のピックまでの間、カルーセルが回転して指示されたロケーションが来るまで待たなければならない。もしピッカーが2台以上のカルーセルに割り付けられた場合、1つのカルーセルが回転している間に、ピッカーはもう1つのカルーセルからピッキングすることができる。STPシステムの目的は、ピッカーの継続的なピッキングであることを忘れてはならない（人間は、腕や筋肉の柔軟性が高いため、アイテムの取り出しにおいては非常に優れている。反対に、効率的に探すこと、歩くこと、待つことは苦手である）。

　1台のカルーセルの長さと高さは、必要なピッキング生産性と建物の制約により決まる。従って、水平カルーセルの長さは、15フィートから100フィートと非常に大きな幅があり、高さについても6フィートから25フィートの幅をもっている。カルーセルが長いほど、指示されたロケーションまで回転する平均的な時間は、より長くなる。また、カルーセルの高さが高いほど、アイテムにアクセスするためにより多くの時間がかかる。高さ6フィート以上の場合、アイテムにアクセスするために、梯子、高所作業車、またはロボット式アーム

を使用する必要がある。

　水平カルーセルの欠点の1つは、カルーセルの回転速度により、生産性が制約を受けることである。もう1つの欠点は、1台当たりの初期投資コストが高額であることだ。結果として、出荷頻度が高く出荷容積の大きいアイテムは、カルーセルには保管されるべきではない。

(2) ロータリーラックカルーセル

　ロータリーラックカルーセル（図7.13）は、1層のカルーセルが積み重ねられたようなイメージであり、それぞれの層が独立して回転することができる。このシステムは、しばしばトートのバッファー用の一時保管のため利用される。

図7.13　ロータリーラックカルーセル（東京、日本）

(3) 垂直カルーセル

　垂直カルーセル（図7.14）は、垂直方向に回転する連続する棚であり、その周りを鋼板で囲んだものである。水平カルーセルと同様、ピッカーは1台または複数台のカルーセルを操作する。カルーセルはコンピュータ制御で自動的に動かすか、またはカルーセルに設置されたキーパッドを操作してピッカーが手作業で動かすこともできる。

　垂直カルーセルの高さは8フィートから35フィートの範囲にあるが、必要なピッキング生産性と建物の制限により決まる。カルーセルの高さが高いほど、平均的な回転時間は長くなる。

　垂直カルーセルのピッキング時間は、理論的には水平カルーセルよりも短くなる。アイテムが常にピッカーの腰の高さに来るからである。これが水平カルーセルで必要な屈んだり、手を伸ばしたりする動作をなくし、探す時間の短縮化とより正確なピッキングを可能にする。

垂直カルーセルが提供するもう1つの利点は、垂直方向の空間を有効利用することができることである。また、アイテムを埃などから保護できるため、精密部品の保管に適している。さらに、1つのロケーションのみが露出し、カルーセル全体が保護された状態となるため、高額商品の保管にも適している。

　垂直カルーセルのコストは、水平カルーセルよりもはるかに高額で、棚の数、重量、特殊な機器を付加することにより上がっていく。水平カルーセルに比べて、垂直カルーセルのコストが高額なのは、外側を覆っている鋼板および重力に逆らって回転させるためにより大きなモーターが必要となるためである。

図7.14　垂直カルーセルの導入事例

ミニロード自動倉庫

　ミニロード自動倉庫（図7.15）は、スタッカークレーンが保管通路の中で、水平および垂直方向に同時に動き、保管コンテナをシステム端部にあるピッキングステーションに搬送し、ピッキング終了後、そのコンテナを元の保管ロケーションに戻すものである。通常、ピッカーは隣接した2つのピッキングステーションに同時に割り付けられ、ピッカーが一方のステーションにあるコンテナからピッキングしている間に、スタッカークレーンはコンテナを他方のステーションから保管ロケーションに格納し、次のコンテナを持ってステーションに戻ってくる。そのため、ピッカーは2つのピッキングステーションから交互にピッキングすることができるのである。

　ピッキングされるアイテムの入ったコンテナがステーションに搬送される順番は、マニュアル指示（ピッカーはピックしたいアイテム番号を入力するか、

またはラックのロケーションをキーパッドに入力）または、コンピュータ制御により自動的に決定することができる。

ミニロード自動倉庫の高さは8フィートから70フィート、長さは40フィートから300フィートの範囲となる。カルーセルと同様、システムの高さおよび長さは、必要なピッキング生産性と建物の制限により決まる。ミニロード自動倉庫の高さおよび長さが大きくなるほど、コンテナにアクセスするためにかかる平均時間も長くなる。ただし、通路の数とスタッカークレーンの数は少なくて済む。

図7.15 ミニロード自動倉庫の内部 （NASA、ケープカナベラル、アメリカ）

ミニロード自動倉庫全体の生産性は、スタッカークレーンが継続的にピッカーに未処理のコンテナを提供できるかどうかによって決まる。ピッカーに対し、コンテナを腰の高さで照度の高い場所において提供できるかといった人的要因を含めた場合、1人時当たり40から200ピックのピッキング生産性を達成できる。

ミニロード自動倉庫に必要な床面積は次の3つの理由で小さくできる。1つめの理由は、50フィートの高さまで製品を保管することができるためである。2つめの理由は、各SKUに必要な保管容積に非常に近いサイズや形状に分割されたコンパートメントを内包する、規格化されたコンテナを保管できるためである。第3の理由は、この規格化された保管コンテナが移動するのに必要な通路幅があればよいためである。

ミニロード自動倉庫は、今まで解説してきたシステム中で最も先進的なものであり、どのシステムより高額であることは容易に想像がつくだろう。先進的

であることによって、多くのエンジニアリングおよび設計時間も必要となる。多くの場合、設計から導入に6から18か月を要する。最後に、このシステムはより大きなメンテナンスを必要とする。決められた通りのメンテナンスプログラムを実施することによってのみ、ミニロード自動倉庫のアップタイム（システムが稼働している状態の時間）率を97%から99.5%に維持することが可能となる。

ガイド式無人搬送棚

ガイド式無人搬送棚（図7.16）は、小型のAGVで固定棚の1間口分を定位置にいるピッカーのところに持っていき、ピッキングを行うものである。

図7.16　アマゾンのDCで稼働するガイド式無人搬送棚

3　自動ピースピッキングシステム

自動ピースピッキングシステム（図7.17）は、規格化されたサイズと形状の小さなアイテムを取り扱う自動販売機のようなメカニズムで稼働する。各アイテムは幅が2から6インチ、高さが3から5フィートの垂直のカートリッジに割り付けられる（各カートリッジの幅は、異なる製品のサイズを扱うために簡単に調整できる）。そのメカニズムは、カートリッジの一番下にある製品を、アルファベットのAの形に2列に並べたカートリッジの間を通るベルトコンベヤの上に打ち出すことでピッキングする（ベルトコンベヤを跨いだAの形でカー

トリッジが設置されるため、A-フレームと呼ばれる)。小さなバキュームコンベヤまたはチェーンコンベヤ上の小さな爪により、アイテムを打ち出し、コンベヤの上に落とす。

図7.17 自動ピースピッキングシステム

自動ピースピッキングシステムの運用は一般的に次のようになっている。システムの片側の端部で、1つのオーダーのための仮想ピッキングスペースがコンベヤ上に設定される。その後、コンベヤの動きに追随してその仮想スペースがカートリッジの下を通る際、オーダーに含まれるアイテムがカートリッジから打ち出され、仮想スペース上に落ちる。コンベヤ上に蓄積したアイテムは、コンベヤの反対側でトートまたはカートンの中に入る。こうして1つのオーダーが最終的にまとまる。1つのカートリッジは、最大毎秒6個をコンベヤ上に打ち出すことができる。自動ピースピッキングシステムは化粧品、医薬品、CD、ビデオ、本、ポリ袋入りの衣類等、同じようなサイズ、形状の小さなアイテムのピッキングにおいて高い生産性を発揮するために、これらの業界で広く使われている。

カートリッジへの商品の補充は、システムの後ろ側から手動で行われる。この補充作業にかかるコストが、ピッキングで節約した人件費を大きく押し上げることになる。通常のピッキング生産性は、1人時当たり1,500から2,000ピックになる。一般的なピッキング精度は、99.97%である。

4 ピースピッキングシステムの比較と選定

ここまで解説してきたすべてのシステムの選定と投資正当化の事例と同様に、各ピッキングシステムの経済分析は、各アイテムを最も経済合理性を持つ保管モードに割り付けるために実施しなければならない。この分析では、各アイテムのアクティビティプロファイルおよび在庫プロファイル、そして各保管モードの保管およびハンドリング特性を考慮する必要がある（表7.1）。この経済分析は、各アイテムの要件と保管モードの能力が一致する適切な保管モードを推奨する。我々のRightStore™保管モード最適化ツール（図7.18）は、この選定プロセスを自動化する。このツールは、各アイテムのそれぞれの保管モードに対するピッキング、補充、スペース、設備、エラーコストを計算して、各アイテムを最適な保管モードに割り付け、さらに最適なスペースを割り当てるものである。

表7.1 ピースピッキングシステムの特性のサマリー

	保管密度(立方フィート/平方フィート)	メンテナンス要件	アイテムセキュリティおよびフレキシビリティ	レイアウト変更のし易さ	人間工学的運用	ピッキング生産性(行/人時) 全体平均	カートピッキング	トートピッキング	自動倉庫	ウェーブピッキング
固定棚	1.0-1.2	低	低	高	低	15-500	20-100	80-250	15-80	200-500
ケースフローラック	0.7-0.9	低	低	高	低	20-600	2-125	100-300	20-100	300-600
保管用引き出し	1.8-2.5	低	高	高	中	10-150	15-80	60-150	10-50	-
水平カルーセル	0.8-1.3	中	低〜中	中	中	50-250	-	-	-	-
垂直カルーセル	5.0-7.0	中	非常に高い	低	高	35-200	-	-	-	-
ミニロード自動倉庫	4.0-5.0	非常に高い	非常に高い	低	高	30-150	-	-	-	-
自動ピースピッキングシステム	-	非常に高い	中	低	中	500-2000	-	-	-	-

ピースピッキングシステムの全体像　[第7章]

図7.18　RightStore™保管モード最適化ツールの画面イメージ

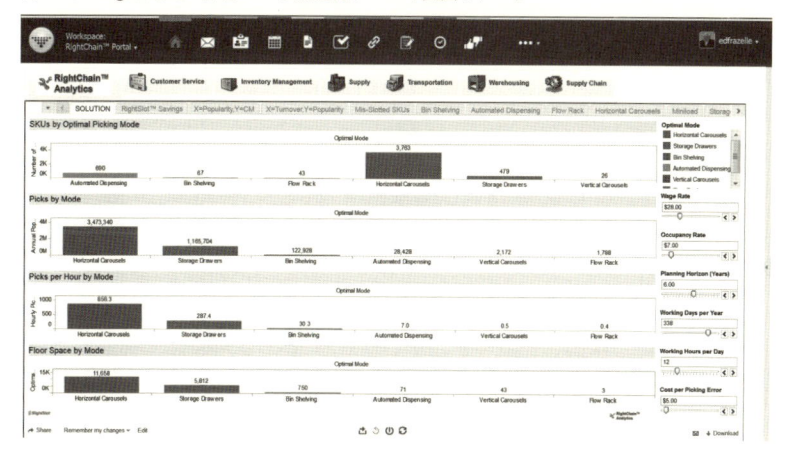

Chapter 第 8 章

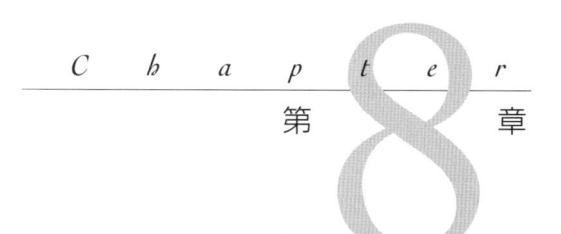

RightPick™ RightShip™
オーダーピッキングの最適化

オーダーピッキングと出荷は通常、ウェアハウスの運用改善において最優先の活動となる。それにはいくつかの理由がある。第1に、オーダーピッキングと出荷は、一般的なウェアハウスの中で最も高コストな活動だからである（図8.1）。また、オーダーピッキングと出荷は、ウェアハウスの中で最も労働集約的な活動である。ウェアハウスの労働力の大半がオーダーピッキングと出荷に費やされていることも珍しくない。こうした労働集約的な状況を改善するために、ウェアハウジングにおけるほとんどのマテハン設備・情報システムは、ピッキングと出荷作業のために導入されている。加えて、ウェアハウス内の多くの意思決定支援システムとエンジニアリングプロジェクトは、オーダーピッキングと出荷に関連したものである。そして、ウェアハウジングにおけるエラーの多くは、オーダーピッキングと出荷により発生しているのである。

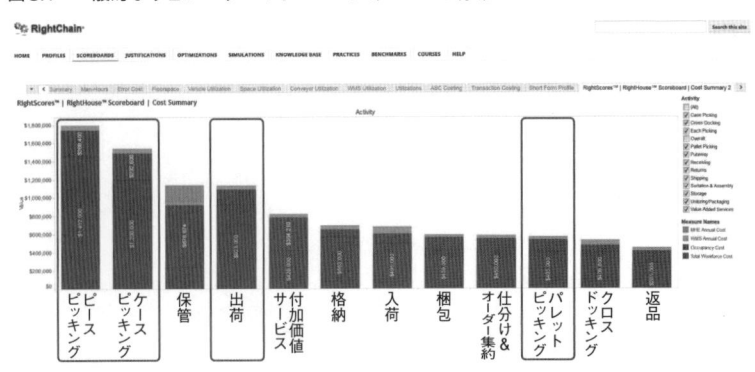

図8.1　一般的なウェアハウスのオペレーションコスト分布

　第2に、オーダーピッキング活動は、益々管理するのが難しくなっているためである。"JIT"、"リーン"、"サイクルタイム短縮化"、"クイックレスポンス"のような新しいオペレーションプログラムの登場、そしてマイクロマーケティングやメガブランド戦略といった新しいマーケティング戦略の登場によって、さらに管理・運用における難しさが増している。これらのプログラムは、顧客に対してより小さなオーダーをより高頻度でより正確に配達し、より多くのアイテムをオーダーピッキングの中に取り込むことを要求している。結果として、生産性、保管、精度に対する要件が劇的に拡大しているのである。

　第3に、品質改善と顧客サービスの改善を重視する機運が再燃したことが、ウェアハウスマネージャーに製品のダメージ、トランザクション時間、ピッキ

オーダーピッキングの最適化 [第8章]

ングエラーの最小化を求めるようになっているからである。

こうした要件の拡大に対して、スタッフの増員または自動化設備に投資する等の従来からある対応策では、人手不足や不透明なビジネス環境といった高いハードルにより、困難に直面することになる。幸運なことに、スタッフ数の増加や高度な自動化設備への投資無しでも、オーダーピッキングの生産性を改善するためのいくつかの方法がある。そうした改善戦略における最も効果的な方法をこの章で解説し、図示している。これらの戦略は、ピッカーの活動の中で付加価値を生み出さない作業に要する時間を短縮することを目指すものである（図8.2）。

図8.2　オーダーピッカーの活動別の時間分布

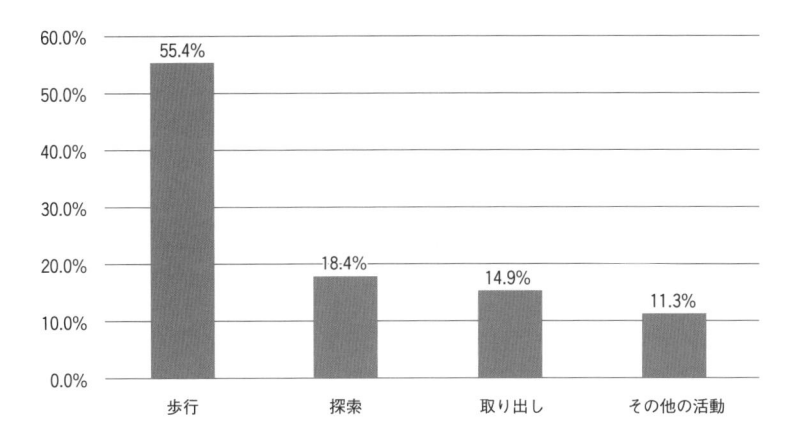

活動	割合
歩行	55.4%
探索	18.4%
取り出し	14.9%
その他の活動	11.3%

1 最小化、簡素化、集約化せよ

RightHouse™において最初に行うべきことは、作業に含まれる要素を最小化することである。もし作業要素を排除できない場合には、作業の簡素化を行うべきである。さらに作業の簡素化もできない場合、複数の作業要素の集約化を行わなければならない。オーダーピッキングの改善におけるこうした取り組みについて、以下に解説している。

ケース入数の最適化

フルパレット、または2分の1や4分の1パレットのオーダーを顧客に促すことにより、自分たちのウェアハウスだけでなく、顧客のウェアハウスにおいても、ハンドリングおよび検数を大幅に削減することができる。同様に、顧客にフルケースでのオーダーを促すことにより、ピースピッキングにおける検数や梱包作業を削減することができる。パレットまたはケース換算したときの顧客への出荷頻度プロファイルを示すハンドリングプロファイルは、ケースまたはピースピッキングの削減機会を明らかにする。

ピック作業の簡素化

オーダーピッキングの行動要素には、ピックロケーション間の"歩行"、ピックロケーションの"探索"、保管ロケーションからのアイテムの"取り出し"、ピックロケーションへ"手を伸ばし体を曲げる"、ピッキングトランザクションの"ペーパーワーク"、アイテムの"検数"および"梱包"が含まれる。これらの行動要素を排除するための手法/ソリューションが存在する（表8.1）。

行動要素の集約化

行動要素が排除できない場合でも、それらはしばしば集約できることがある。いくつかの有効な集約化方法を以下に解説する。

(1) アイテムの搬送および取り出し

カルーセルやミニロード自動倉庫のようなSTPシステムは、ピックロケーションがピッカーのところに移動してくる間に、1人のピッカーが継続して取り出し作業に従事できるように、複数のピッキングステーションを担当するように設計されている。

(2) 移動とペーパーワーク

作業員搭乗型スタッカークレーンは、自動的にピッカーをピッキング順にピックロケーションに運んでいくようにプログラムされているため、ピッカーはスタッカークレーンが移動している間に、ペーパーワーク、アイテムの仕分けまたは梱包などの作業を自由に行うことができる。

オーダーピッキングの最適化 [第8章]

表8.1 ピッキングの行動要素を排除する方法

行動要素	排除する手法	ソリューション
ピックロケーション間の歩行	ピックロケーションをピッカーのところに運ぶ	カルーセルや自動倉庫を含むSTPシステムの導入
	スロッティングを最適化する	スロッティング統計、スロッティングシステム、スロッティング手法の活用
	連続するピック間の距離を短縮するためオーダーをバッチ化する	バッチピッキングカートの導入
ピックロケーションの探索	ピックロケーションをピッカーのところに運ぶ	カルーセルや自動倉庫を使ったSTPシステムの導入
	ピッカーをピックロケーションに運ぶ	作業員搭乗型ガイド式フォークリフトの導入
	ピックロケーションに照明を付ける	デジタルピッキングの導入
アイテムの取り出し	作業員の取り出しの排除	自動ピッキングシステムの導入
ペーパーワーク	情報フローの自動化	無線ハンディターミナル、音声ピッキング、デジタルピッキングの導入
体を曲げて手を伸ばす	アイテムを作業員の腰の高さに置く	腰の高さでのピッキングを行うようにスロッティングする 垂直カルーセルまたは自動倉庫でピックロケーションを腰の高さに持ってくる
検数	重量で数える	ピッキングカートもしくはコンベヤライン上で重量を測定する
	インナーパックで数える	ケースの入数によりプレパッケージする
梱包	作業員による梱包作業を排除	自動梱包設備を導入する

(3) ピッキングと仕分け

ピッカーは、複数の仕切り板およびトートを持つピッキングカートを使うことで、ピッキングしながらアイテムを複数のオーダーに仕分けすることができる。

(4) ピッキング、仕分け、梱包

オーダーの容積が小さい場合、例えば靴の箱よりも小さい場合には、ピッカーは直接梱包または出荷用コンテナに仕分けすることができる（図8.3）。その場合、梱包または出荷用コンテナは、前もって仕切り板やトートと共にピッキングカートに設置されていなければならない。

図8.3 ピッキングしながら仕分け、梱包する(エイボンDC、アトランタ、アメリカ)

2 ピッキング手法の体系

我々のRightPick™ピッキング手法の体系(図8.4)では、最初にピックロケーションまたは保管ロケーションからピッキングするかどうかを決定する。

図8.4 RightPick™ピッキング手法の体系

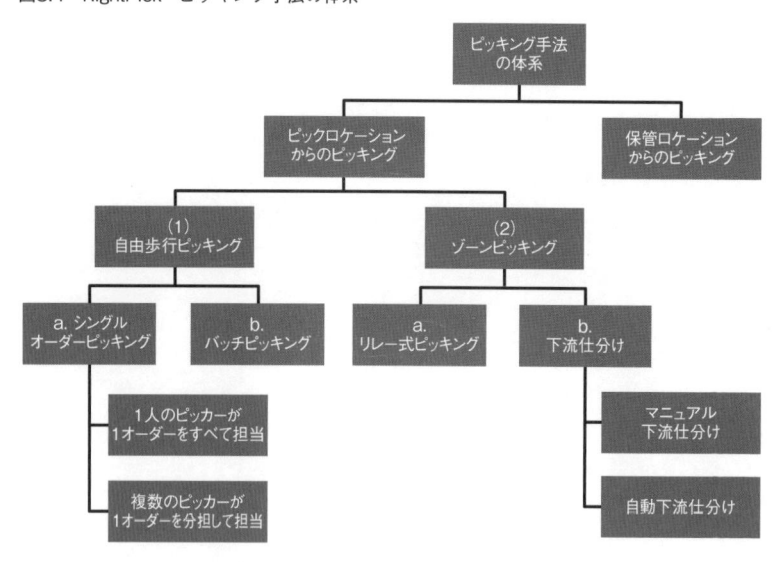

```
ピッキング手法の体系
├─ ピックロケーションからのピッキング
│   ├─ (1) 自由歩行ピッキング
│   │   ├─ a. シングルオーダーピッキング
│   │   │   ├─ 1人のピッカーが1オーダーをすべて担当
│   │   │   └─ 複数のピッカーが1オーダーを分担して担当
│   │   └─ b. バッチピッキング
│   └─ (2) ゾーンピッキング
│       ├─ a. リレー式ピッキング
│       └─ b. 下流仕分け
│           ├─ マニュアル下流仕分け
│           └─ 自動下流仕分け
└─ 保管ロケーションからのピッキング
```

オーダーピッキングの最適化 [第8章]

ピックロケーションからのピッキング

　ピックロケーションからピッキングすると決定したら、次にやるべきことは、ピッカーを特定のゾーンに割り付けるかどうかという決定である。ピッカーに割り付けられた1つの"ピッキングゾーン"は、通路の一部、複数の通路の一部、またはマテハン設備（カルーセル、自動倉庫）の一部として定義される。ここで重要なことは、1人の作業員が専用のゾーンに割り付けられると、他の作業員はこのゾーンでは作業をしないということだ。これはまた、ゾーンピッキングにおいては、どの作業員もオーダー完結の責任を負っていないことを意味する。なぜなら、1つのオーダーに含まれる複数のアイテムは異なるゾーンにいるピッカーにより、ピッキングされるためである。保管ゾーンは、ピッキングゾーンとは区別され、効率的で安全な保管をするために構築されている。例えば、バルクアイテム、平置きアイテム、小さいアイテム、長尺アイテム、冷蔵アイテム、冷凍アイテム、可燃性アイテム、爆発性アイテムなどの保管ゾーンが構築される。これらの保管ゾーンは、スロッティング戦略により決定されるものである。

　ピッキングにおけるゾーニングの反対が、"自由歩行ピッキング"である。自由歩行ピッキングにおいてピッカーは、ウェアハウス内のどの通路も自由に動き回ることができる。また、自由歩行ピッキングの中のシングルオーダー／バッチピッキングにおいては、ピッカーは割り付けられた各オーダーのすべてのアイテムに対してピッキングする責任を負う。ピッキングのためのゾーニングにおける長所を表8.2に示す。

　私は最近、シカゴ郊外にあるゼロックスのサービスパーツDCを見学した。見学の途中、私は約1時間に亘り、ピッキング作業を観察することができた。このDCでは、長い固定棚に挟まれた通路2本を1ゾーンと定義していた。各ゾーンには1人のピッカーが割り付けられていた。ピッカーは、カートを使って自分のゾーンをピッキングし、完了したトートをコンベヤに置き、次のゾーンへとリレー式に渡していくことで、オーダーが蓄積されていく。

　私は、最も高いパフォーマンスを達成しているピッカーとの会話を楽しんだ。彼女は、ゼロックスに20年以上も働いており、同じウェアハウスの同じゾーン（2本の通路）で5年以上も働いていたのだ。彼女のゾーンの整理整頓、生産性、精度いずれも、このウェアハウスの中で最も優れていた。仕事に対する彼女のプライドはまた、そのゾーン内の商品のほぼ完璧な配置替え（ピッキングし易く置き直す）に現れていた。私は彼女に対して、そのゾーン内の高いパ

表8.2　ゾーニングにおける長所

ゾーニングの長所	著者コメント
小さな、専用の作業エリアに割り付けられるため、ピッカーの歩行時間が短縮される	私はバスケットボールにおいては常にゾーンディフェンスを好む。それはコートいっぱいに誰かを追い回す必要がなく、相手選手の得点に対して責任を持たなくても良いからだ
ピッカーは、自分のゾーン内の製品やロケーションに精通するようになる	製品について良く知ることは、ピッキングの生産性とピッキング精度を改善することにつながる
通路に1人以上のピッカーがいないために、混雑が最小化される	混雑の最小化はゾーンピッキングの正当化に最も重要である。一部の運用ではボリュームが非常に大きく、ボトルネックを生み出すことがある
ピッカーのゾーンに対するアカウンタビリティが存在する	ピッキングのパフォーマンス（生産性、精度、整理整頓）はゾーン毎に記録・掲示される。その一方、各オーダーに対するアカウンタビリティが無い
ピッカー間の過剰な会話を最小化する	ピッカーは専用の作業ゾーンに単独で割り付けられ、ピッキング中の無駄話の機会が無くなる。ある程度の会話は必要だが、ゾーンピッキングは、それをコントロールしモニターすることができる

フォーマンスと整理整頓の素晴らしさを伝えた。この会話の途中、私は彼女のゾーンの出荷コンベヤに最も近い棚に置かれた製品が整然と配置されていないことに気が付いた。ゾーン内の他の棚が整然と置かれていたので、不思議に思い、その棚の製品配置について尋ねた。彼女は私に、この棚に置いてある製品は、その日に顧客がオーダーする製品だと答えた。なぜ彼女にそんなことが分かるのだろうか。彼女は、ESP（超能力）を持っている訳でもなく、世界最高の予測システムとして機能している訳でもなかった。この棚のアイテムは、A製品であり、ウェアハウス全体の適切な再スロッティングがなされていなかったのである。このピッカーは、ピッキングのたびにゾーンの一番奥のロケーションまで、これらの高頻度製品を取りに行くことに疲れていたのだ。そこで彼女は単純に、在庫の一部をコンベヤの近くに移動していたのである。この単純なプロセス改善は、ゾーンピッキングにおける製品およびロケーションに関する知識なしには不可能なことである。

このゼロックスの事例にみられるゾーンを設けることの利点に加えて、ゾーンピッキングの利点は、ピッカーの歩行時間の短縮、渋滞の最小化、製品ロケーションへの精通、作業員のゾーンに対するアカウンタビリティなどが挙げられる。これらの利点により得られるコスト削減が、ゾーンピッキングによって生じるコントロールの複雑性や関連するコストの上昇を上回るかどうかがゾーン

表8.3 ゾーンピッキングにおける課題

ゾーンピッキングの コストおよびコント ロールの複雑性	著者コメント
オーダーの集約化	ゾーンピッキングにおける最大の難しさとコスト要因は、ピッキングゾーンの全体に亘りオーダーを集約する必要があることである。オーダーの集約には2つの方法がある。①ピッキングしたアイテムを入れたコンテナをゾーンからゾーンへリレー式に渡していく、リレー式ピッキングと、②下流仕分けを伴うウェーブピッキング（複数のオーダーを1つのグループにまとめ、それらをピッキングするための短い時間帯…日本のトータルピッキングに近い）であるが、これは非常に高コストになる可能性がある。これらの方法はまた、非常に高度なWMSが必要となるため、庫内作業の柔軟性を減じる可能性がある
作業量のバラつきが、ボトルネック、渋滞、作業員のモラルの低下を引き起こす	1日毎に、ゾーン間の作業量のバランスを取ることはほとんど不可能に近い。そうするためには、前もって高度なスロッティング手法の導入、または高度なゾーンピッキング手法、フレキシブルなゾーン設定の活用が必要となる。こうした運用においては、作業量によりゾーンサイズが異なる。いずれの場合でも、そのコントロールは、自由歩行ピッキングに比べはるかに複雑なものになる

ピッキングを採用するかどうかの判断基準となる。表8.3は、そうしたコストとコントロールの複雑性についてその代表的なものを紹介している。

(1) 自由歩行ピッキング

前述の通り、自由歩行ピッキングにおいては、ピッカーは庫内のどの通路でも自由に動くことができる。自由歩行ピッキングにおける最も重要な決定は、ピッカーが1回のピッキングツアー中に、1つのオーダーをピッキングする（シングルオーダーピッキング）のか、それとも複数のオーダーをピッキングする（バッチピッキング）のかということである。

a．シングルオーダーピッキング

シングルオーダーピッキングにおいては、各ピッカーは一度に1オーダーのピッキングを完了する。PTSシステムの場合、シングルオーダーピッキングはちょうどスーパーマーケットに買い物に行って、買い物リストに載っているアイテムをカートの中に蓄積していくようなものである。各買い物客は、自分の買い物リストのみに集中すれば良いのである。

シングルオーダーピッキングの最大の利点は、オーダーが分割してピッキングされないことにある。最大の欠点は、ピッカーが1つのオーダーをピッキングするために、ウェアハウスの中でかなり長い距離を移動する可能性があるこ

とだ。行数が少ないオーダーの場合、1行当たりの歩行時間は長くなる可能性があるのだ（アイテム数の多いオーダーの場合、シングルオーダーピッキングは効率的なピッキングツアーを形成するかもしれない）。ただし、ピッキングを効率化するためにオーダーを蓄積するバッチピッキングを採用すると、レスポンスタイム要件を満足できない場合がある。例えば、緊急オーダーの場合、顧客サービス要件が効率要件に優先されるべきであり、よってシングルオーダーピッキングすべきである。

b．バッチピッキング

バッチピッキングは、自分の買い物リストの他に、何軒かの隣人の買い物リストを一緒に持って、スーパーマーケットに買い物に行くようなものである。つまり1回の買い物で、複数のオーダーを完了することができるのだ。結果として、あるアイテムをピッキングするための歩行時間は、1バッチに含まれるオーダー件数分の1程度に短縮することができる。例えば、もし1人のピッカーが2アイテム/オーダーのピッキングに100フィート移動する場合、1アイテム当たりの歩行距離は平均50フィートとなる。もしピッカーが、4アイテム/2オーダーをピッキングするとしたら、1アイテム当たりの歩行距離は25フィートに短縮される。

バッチピッキングの最大の欠点は、ピッキングしたアイテムを顧客オーダー毎に仕分けるために要する時間と、その際にエラーが発生する可能性が高まることにある。

(2) ゾーンピッキング

ゾーンピッキングにおける主要な留意点は、1つのオーダーを複数のゾーンに分割してピッキングするため、どのようにして本来のオーダーの整合性を確立するかということにある。ゾーンピッキングには、リレー式ピッキングと、下流仕分けの2つの方法がある。

a．リレー式ピッキング

リレー式ピッキングにおいては、ピッキングされたアイテムの入ったコンテナが、ゾーンから次のゾーンへと、同じ1つのオーダーが完了するまでリレー式に引き渡される（図8.5）。リレー式ピッキングの1つの方法として、ピッキングしたアイテムが、トートまたは出荷用ケースに入れられてコンベヤ上をゾーンからゾーンへ移動するものがある。または手動でピッキングカートをゾーンからゾーンへ移動、またはけん引式コンベヤ上のパレットに乗せられて移動するという方法もある。さらには、AGV、フォークリフトまたはローリ

フトを使ってゾーンからゾーンへ移動する場合もある。より高度なリレー式ピッキングの方法として、バイパスピッキングがあり、ピッキングするアイテムのあるゾーンだけに、コンテナを引き込む。この方法はまた、ゾーンスキッピングとも呼ばれる。

図8.5 リレー式ピッキング

b．下流仕分け

下流仕分けを伴うゾーンピッキングにおいて、ピッカーはピッキング作業中、どのオーダーをピッキングしているかという認識はない。ピッカーたちは1ウェーブ（複数のオーダーを1つのグループにまとめ、それらをピッキングするための短い時間帯…日本ではバッチとも呼ばれる）の間同時並行で、自分の担当するピックゾーンの作業を進めれば良いのだ。商品は通常、ピッキングする度にバーコードラベルを貼付し、大きなカートまたはピックラインに沿って設置されたベルトコンベヤ上に置く。カート内のアイテムまたは出荷コンベヤ上のアイテムはシステムの下流において、商品を顧客オーダー毎に仕分けるためのソーターに投入される。下流仕分けシステムのコストは、数百万ドルに上る場合がある。従って、リレー式ピッキングと比較して、下流仕分けを伴うゾーンピッキングにより削減されるコストは、追加投資を正当化するに十分なものでなければならない。この削減されるコストとは、主にピッキング生産性の改善から派生するものである。追加投資は、下流仕分けに必要なマテハン設備および情報システムに対するコストである。

〈マニュアル下流仕分け（統合）：レニエワールドワイド〉

レニエワールドワイドは、売上数十億ドル規模のコピー機、ファックス、ボイスレコーダーの卸売企業である。売上の大半は、機器を設置した顧客をサポー

トするための、サービスパーツおよび消耗品から派生する。パーツと消耗品のピッキングにおいて、レニエではマニュアル下流仕分けを伴うゾーンピッキングを採用している。パーツおよび消耗品は伝統的な固定棚に保管されている。各ピッカーは、固定棚の2本の通路から構成されるゾーンに割り付けられる（図8.6）。

図8.6　レニエのマニュアル下流仕分けを伴うゾーンピッキング

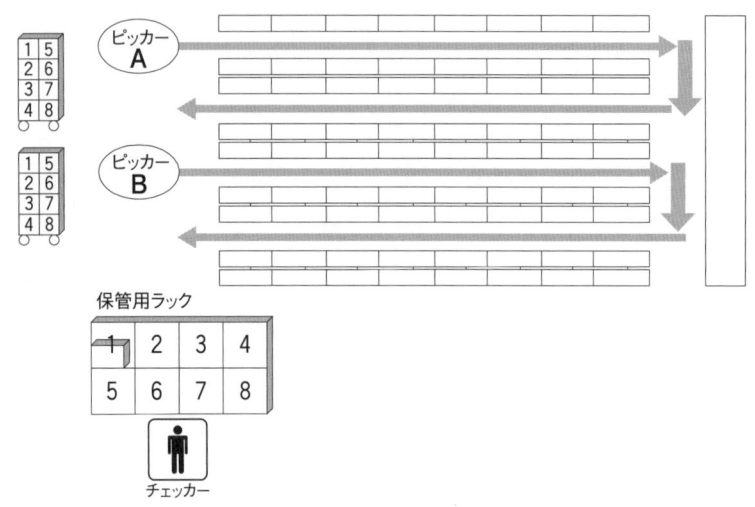

ピッキングは、20分のウェーブとして複数のオーダーをグループ化し、出荷指示を出して行われる。その理由は、効率的なピッキングツアーが構築でき、またピッカーの注意力と切迫感を維持するために、20分が適切な長さなのである。各ピッカーは、特注のカートを使って自身のゾーンをピッキングしていく。各ピッキングカートは、8つのコンパートメントに分割されている。ピッキングツアーが開始される前に、ゾーンとピッカーIDの付いたラベルが貼られた空のトートをこの8つのコンパートメントに挿入する。各ウェーブの開始時に、ピッカーは自身のゾーンをロケーション順に歩くためのピッキングリストを渡される。ピッキングリスト上の各行には、ロケーション、アイテムID、ピッキングする個数、ピッキングしたアイテムをカート上のどのコンパートメントに入れるのかを示す番号（例1～8）が記載されている。ピッキングツアーの終わりに、各ピッカーは自分たちのカートを、同じく8つのコンパートメン

トを持つ大きな保管用ラックのところに持っていく。各ピッカーは、自分のカート上のトートNo.1を保管用ラックのコンパートメントNo.1に、トートNo.2をコンパートメントNo.2に、というように置いていく。保管用ラックの反対側には作業員が立っており、各コンパートメント内のトートを顧客オーダー毎に統合し、ピッキングの精度をチェックした後、出荷梱包する。この運用は、マニュアルピッキングとしては、1人時当たり120行以上の高い生産性と極めて高い精度を達成している。

〈自動下流仕分け〉

自動下流仕分けの典型的な事例は、第6章のゾーンピックツーコンベヤの節を参照いただきたい。

保管ロケーションからのピッキング

伝統的なU型のウェアハウスレイアウト（図8.7）は、入荷ドック、入荷仮置き、入荷検品、保管ロケーションへの格納、パレット保管およびパレットピッキング、パレット保管からケースピックラインへの補充、ケースピッキング、ケース保管からピースピッキングラインへの補充、ピースピッキング、オーダー集約、出荷仮置き、出荷ドックから構成される。

なぜこれほど多くの異なる保管およびピッキングエリアを持つ必要があるの

図8.7 伝統的なU型ウェアハウスレイアウト

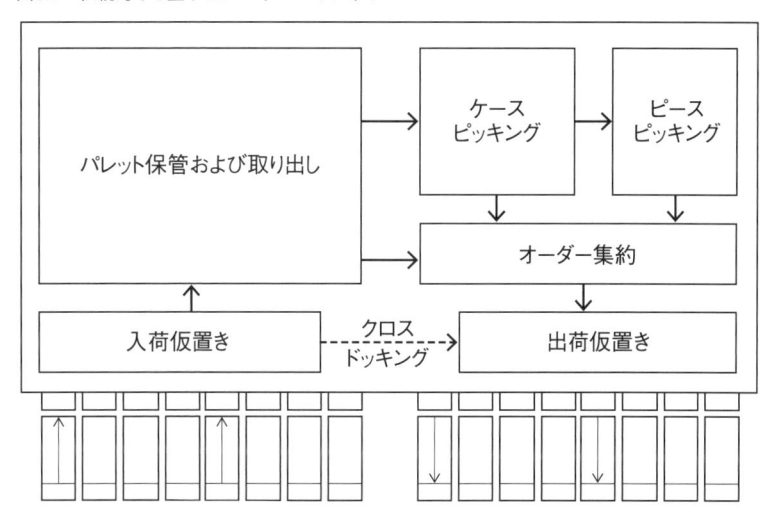

だろうか。なぜ、ケースピッキングとピースピッキングのために、別々のピッキングエリアを持つ必要があるのか。その理由は、広いパレット保管エリアから、ピースおよびケースピッキングをするときの生産性は、いかなる環境においても許容できないほど低いからである。ピッキングエリアは小さくコンパクトであり、ピッキング作業のために特別に設計され、さらには特殊な設備が設置される必要がある。結果として、これらのエリアにおけるピッキング生産性は、1アイテムの全在庫が保管されている広い保管エリアから直接ピッキングするよりも、10倍から20倍も高まるのだ。ピッキングエリアへの補充コストやこの独立したスペースを設けるためのコストを考慮しても、ほとんど常に、保管ロケーションからピッキングするよりも、ピッキング生産性の向上によるメリットの方が大きくなるのである。

今、保管エリアから直接ピッキングをしても尚、ピッキングエリアからのピッキングしたときの生産性を達成できると仮定してみよう。つまり、ピッキングエリアへの補充無しでかつ、独立したピッキングエリアのスペースも設けずに、非常に高いピッキング生産性を達成することができるのである。その事例はフォードのサービスパーツDCで見ることができる。

フォードの事例

フォードのサービスパーツDC（図8.8）においては、入荷品はワイヤバスケットに入った状態で鉄道により到着し、それぞれのバスケットにはバーコードが貼付されている。ワイヤバスケットは、フォークリフト作業員により、自動入荷ステーションに移動される。入荷ステーションでは、入荷作業員がバーコードをスキャンして、WMSにアイテムおよびバスケットがウェアハウスに到着したことを認識させる。次に、WMSは、入荷作業員に対しバスケット内のアイテムを、それぞれバーコードを付けた1つ以上のトートに分配するように指示を出す。分配された各トートは順番にカルーセル作業員により、54台ある水平カルーセルのうち自分の担当する1台に格納される。カルーセル作業員は、3台のカルーセルを1組として担当する。WMSは、格納とピッキング作業を同時進行（インターリービング）させることができる。すべてのピッキング作業は、デジタル表示器により指示され、作業員はまた表示器によりピッキングしたパーツをカルーセルに隣接して設置されたフローラック上のオーダートートに入れていく。DC内にある全アイテムの80%は、この方法で運用されている。

これは保管ロケーションからのピッキングといえるだろうか。答えはイエスだ。なぜなら54台のカルーセルは保管エリアとして機能しているからだ。同一アイテムの全在庫は、カルーセルに保管されているが、複数のロケーション

オーダーピッキングの最適化 [第8章]

図8.8 フォードのサービスパーツDCにおける保管ロケーションからのピッキング

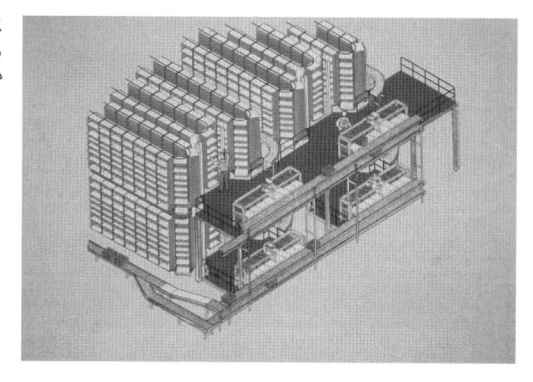

に分散して保管されている可能性がある。このシステムの中では、補充は一切必要なく、またリザーブ用のスペースを確保する必要もない。

この運用は、サービスパーツロジスティクスの世界において、フォードに高い競争優位性を与えたのである。この運用には、高度なWMS（ランダム保管、高度なスロッティング、アクティビティの平準化、フレキシブルなウェーブ設定）、および高度な機械化（保管ロケーションからピッカーへアイテムを移動）、そしてよくトレーニングされた作業員が必要となる。この方法は、どんな状況にも適用できるとは言えないが、取り扱い量が十分に大きく、必要とされるリソースが利用可能な場合、非常に大きな生産性の向上をもたらす。

大手化粧品メーカーの事例

典型的なピッカーの作業時間の大半が歩行とピックロケーションの探索に使われているため、ピッキング生産性および精度を改善するための最も効果的な方法の1つは、保管ロケーションをピッカーのいる場所に持ってくることである。日本のある大手化粧品メーカーは、保管ロケーションを固定されたピッキングステーションに持ってきて、トータルピッキングし、クロスベルトソーターに直接投入するシステムを導入している（図8.9）。それにより、ピッカーの歩行時間はほぼ完全に排除されたのだ。加えて、保管ロケーションにおける入荷、事前梱包、検品に伴うウェアハウス内の歩行をほぼなくすことにも成功した。高コストではあるが、このシステムは生産性と精度の向上により正当化できる場合がある。

これらのピッキング方法から意思決定するために、我々は各ピッキング方法について、運用を設計し、評価し、時にはシミュレーションすることを推奨している。シングルオーダーピッキングから始まり、より高度な方法へと段階的

図8.9 日本のある大手化粧品メーカーにおける保管ロケーションからのピッキング

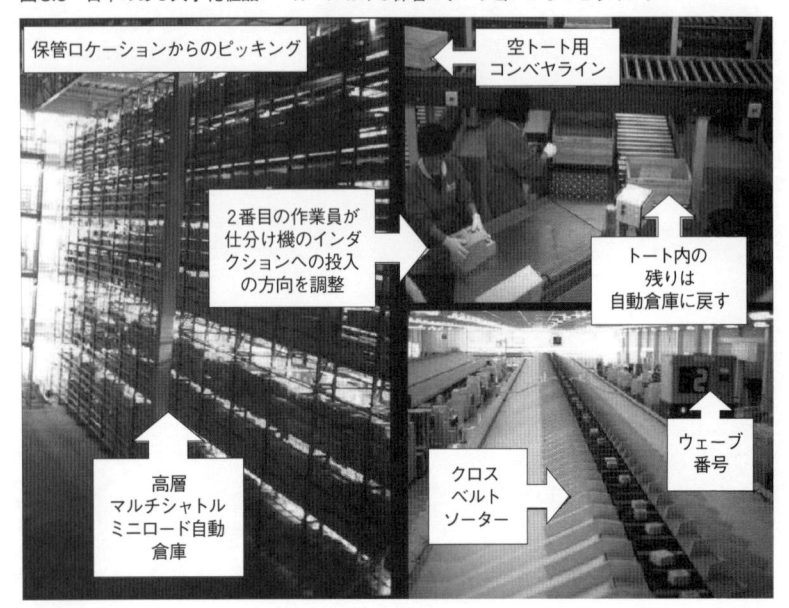

に投資の正当性を検討すべきである。この正当化プロセスを通して、1つのピッキング戦略を選定し、導入することが重要である。

3 RightSlot™：スロッティング最適化

"スロッティング"においては、各アイテムに対し、最適保管モード、最適なスペース割り付け、適正な保管モードにおける最適保管ロケーションを決定する。結果として、スロッティングは、ウェアハウスのKPIに極めて大きな影響を及ぼすことになる。KPIには、生産性、出荷精度、在庫精度、ドックツーストックタイム（DTST）、ウェアハウスオーダーサイクルタイム（WOCT）、保管密度、自動化レベルが含まれる。残念ながら、スロッティングよりもウェアハウスパフォーマンスに大きな影響を与える意思決定は無いと言っても過言で

はない。それにもかかわらず、多くのウェアハウスにおいては15%未満のアイテムしか正しくスロッティングされていないのが現状である。このように多くのウェアハウスにおいて間違ったスロッティングがされているために、結果として、本来支払うべきコストよりも年間10%から30%も余計なコストがかかっているのだ。

我々のRightSlot™手法は、20年以上に亘るスロッティングにおける調査・研究の成果に基づいている。これまで取り組んだすべてのプロジェクトと、その中で扱われたあらゆる異なるタイプのアイテム（缶、瓶、カーペット裏地のロール、ブレーキパーツ、毛糸のスプール、コンピュータ、医薬品、自動車サービスパーツ、紙製品、冷凍食品、チェーンソーなど）について再検証した結果、各プロジェクトに共通する特徴を見つけ出すことに成功した。それに基づき以下のスロッティング体系・手法（図8.10）および意思決定支援ツールを開発して、スロッティングプロジェクトの支援を行ってきたのである。

図8.10　RightSlot™スロッティング体系

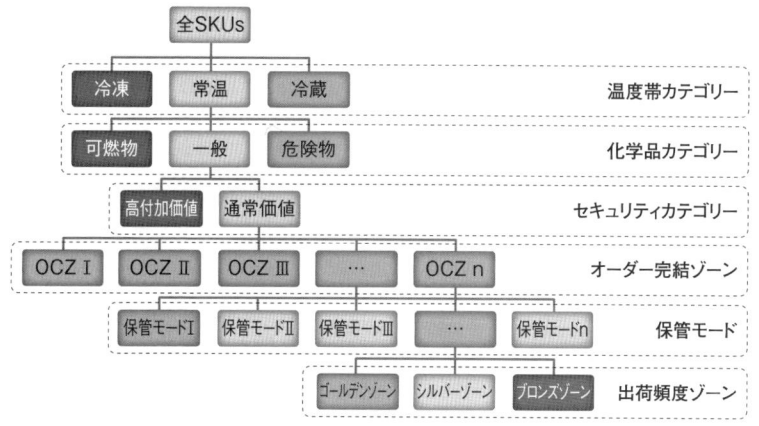

スロッティングデータベースにデータを入力する

幸いなことに、スロッティングに必要なデータ項目は、それほど多くはない。各アイテムについて、以下のデータが必要となる。

- 商品ID
- 商品名

- 商品カテゴリー
- 出荷頻度：オーダーされる件数
- 出荷数量
- 保管環境（冷凍、冷蔵、可燃物、危険物など）
- 賞味期限
- ディメンション（縦、横、高さ）
- 容積
- 重量
- ケース入数
- パレット当たりケース数
- 基準となる単位（個、トンなど）

これらの情報は、製品または商品マスターファイルから容易に引きだすことができるはずである。このデータの精度および有用性を維持するためには、継続的にデータをメンテナンスすることが重要である。

各顧客オーダーについては、顧客ID、オーダーに紐付いた各アイテムとその量、オーダーの日付と時間が必要となる。この情報は、販売またはオーダー履歴ファイルから取れるはずである。スロッティングに必要なサンプルのサイズは、業界毎の季節性により大きく異なる。もし通販や小売業界のように、1年の需要に大きな波がある場合、12か月のサンプルが必要となる。自動車サービスパーツ業界のように、需要が年間を通してかなり安定している場合、3か月から6か月のサンプルで十分であろう。

スロッティング統計を計算する

生データが揃ったら、スロッティング統計の計算はかなり単純な作業である。残念ながら、計算結果をどう理解し、活用するかはそれほど簡単なことではない（表8.4）。

これらの統計は、表面上は単純に見えるが、その統計数値1つ1つの解釈には、微妙なそして重要な問題が含まれている。例えば、出荷頻度のことを、しばしば売上額または売上個数という間違った理解をしている場合がある。あるアイテムの出荷頻度（P）は、ちょうどジュークボックスでかかる楽曲の人気のようなもので、何回リクエストされたかにより測定されなければならないのである。この指標が重要である理由は、ピッカーが特定のアイテムをピッキングするために、それが置いてあるロケーションに訪問する潜在的な回数を示し

オーダーピッキングの最適化　[第8章]

表8.4　RightSlot™ 統計および計算式

スロッティング統計	記号	単位	備考
スロッティング期間	R	時間（年、四半期、月、週、日）	スロッティング計算のための期間（時間）
出荷頻度	P	期間内の出荷頻度	アイテムの"ヒット数"と呼ばれることもある。出荷容積と共に使われ、保管モードおよび保管モード内のロケーションの決定に活用される
出荷個数	T	期間内の出荷個数	アイテムの需要と呼ばれることもある。1個当たりの容積と共に使われ、保管モードおよびスペース割り付けのための出荷容積の計算に活用される
1個当たりの容積	C	立方フィート/1個	アイテム毎の物理的なサイズのことを言う。この情報は、すでにデータベースの中に格納されているはずである。もし無い場合、アイテムの外部コンテナ（パレット、ケース、トート、ボールなど）のサイズを測定し、コンテナ内の個数で割ることにより求められる
出荷容積	V = T x C	立方フィート/期間	適正な保管モードおよび保管モード内のスペース割り付けの決定に使われる
ピッキング密度	D = P / V	出荷頻度/立方フィート	ゴールデンゾーニングの決定に使われる。最も高いピッキング密度を持つアイテムは、最もアクセスしやすいピッキングロケーションに割り付けられるべきである
1オーダー当たりの個数	I = T / P	オーダー当たりの個数	
需要相関	DC_{ij}		アイテムiとアイテムjが一緒にオーダーされる確率
需要の標準偏差	S		日々の需要の標準偏差

ているからだ。庫内作業の多くは、ロケーション間の歩行に費やされるため、各アイテムまたはカテゴリーのあるロケーションへの潜在的な訪問回数を知ることは、庫内作業全体の管理を成功させるために、極めて重要なことである。

　残念ながら、多くのウェアハウスマネージャーおよびアナリストは、スロッティング基準を探す時に、この出荷頻度のところで止まってしまうのだ。つまり、出荷頻度が、アイテムを保管モードに割り付ける時、保管モード内でスペースを割り付ける時、保管モード内でアイテムのロケーションを決定する時に単独で使用されている場合が多いのである。今、固定棚にゴールデンゾーニングを導入する事例を考えてみよう。その目的は、ピッキング活動が作業員の腰の

高さで行われる頻度を最大化することにある。

それではここで、簡単なスロッティング問題に取り組んでもらおう。今、ゴールデンゾーンには7立方フィートの保管スペースが使えると仮定し、次の3つのアイテムを棚のどこに置いたら最適化できるか検討するとしよう。この3つのアイテムのスロッティング統計数値は表8.5のようになっている。

表8.5　固定棚のスロッティングについての例題

アイテム ID	出荷頻度	出荷容積	ピッキング密度
A	140 件 / 月	7 立方フィート / 月	20 件 / 立方フィート
B	108 件 / 月	4 立方フィート / 月	27 件 / 立方フィート
C	75 件 / 月	3 立方フィート / 月	25 件 / 立方フィート

この統計数値から、ある1か月分の製品を固定棚に保管する方法を考えてみよう。アイテムAは7立方フィート、アイテムBは4立方フィート、そしてアイテムCは3立方フィートのスペースが必要だとする。今ゴールデンゾーンにどのアイテムを割り付けるかを決定するために、出荷頻度だけでこれらアイテムをランキングすると、アイテムAがゴールデンゾーンに割り付けられ、ゴールデンゾーンのスペースを使い切ってしまうことになる（ゴールデンゾーンは7立方フィートのスペースしかないことに注意）。この場合、ゴールデンゾーンにアクセスする回数（つまりアイテムAをピッキングする回数）は、月に140回となる。果たして、これが最良の回答だろうか。もちろん違う（目的は、ゴールデンゾーンへのアクセス回数を最大化することであることを思い出してほしい）。それでは次に、アイテムBとアイテムCをゴールデンゾーンに割り付けたらどうだろうか。この場合、ゴールデンゾーンへのアクセス回数は、月に183回となる。ピッキング密度という指標を基準にランキングすることで、ゴールデンゾーンにおけるピッキング活動を最大化することができる。それこそがピッキング活動を測定する理由であり、スロッティングを成功させるために不可欠なことなのである。なぜすべてのスロッティング統計数値が揃っていることが重要なのか、お分かりいただけたことだろう。

アイテムを環境カテゴリーに割り付ける

保管温度（冷凍、冷蔵、常温）、燃焼性、毒性、セキュリティーを基準として、保管環境カテゴリーに各アイテムを割り付けなければならない。これら保管環境カテゴリーはそれぞれ、特別な建物要件、特別なラック要件、特別な保管エ

オーダーピッキングの最適化 [第8章]

リア要件を満足する必要がある（P181、図8.10）。

アイテムをオーダー完結ゾーンに割り付ける

各保管環境カテゴリー内においては、ウェアハウス内のアクティビティプロファイリングにおけるオーダー完結プロファイルおよび需要相関分析に基づいて、"オーダー完結ゾーン"にアイテムを割り付けなければならない（図8.10）。これらオーダー完結ゾーンは、非常に高効率なオーダーピッキングを可能にする、倉庫内倉庫を創り出すからである。

アイテムを保管モードに割り付ける

生産性、保管密度、ピッキングエラー率、システム投資要件に基づいて、各アイテムを最も低コストの保管モードに割り付けるための保管モード経済性分析を実施しなければならない。特定の保管モードに割り付けられたアイテムは、その保管モードに格納されるアイテムの1つとなる。RightStore™最適化システムは、各アイテムを各保管モードに割り付けた場合の年間コストを計算し、各アイテムに対し最小コストの保管モードおよび最適なスペース割り付けを推奨する。各アイテムアクティビティカテゴリーを各保管モードに割り付けた事例を図8.11に示す。

図8.11　RightStore™スロッティングツールの画面イメージ

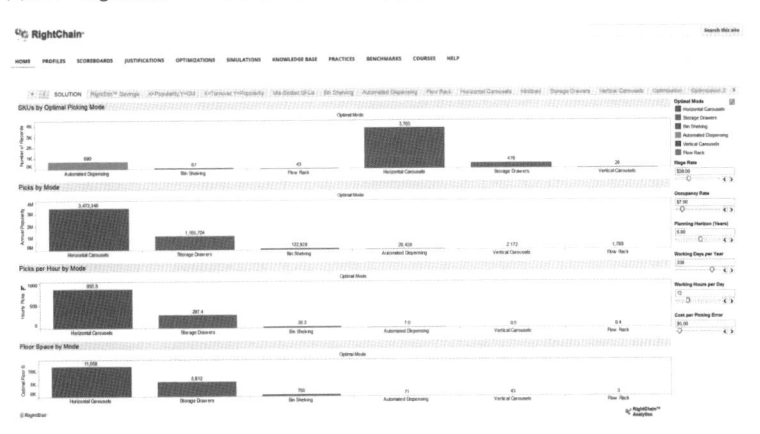

アイテムをピッキング密度によりランキングする

アイテムをピッキング密度の高いものから低いものへランキングしなければならない。ベルテルスマンの書籍用DCにおいては、カーペット敷きのピッキングフロアの擦り切れている場所が、ピッカーがピッキングゾーンの中央付近で最も頻繁に作業していることを示す良い指標となっている（図8.12）。

図8.12 ベルテルスマンの書籍用DCにおけるピッキング密度に基づく保管

各保管モード内のロケーションをピッキングゾーンにマッピング

マッピングのための最初のステップは、各保管モードを通過するピックパス（ルート）をプロットすることだ。ピックパスが決まれば、ピッキングゾーンの定義はかなり簡単である。最も人気のあるピックパスとしては、一筆書き型と、サイドトリップを伴う主通路型の2タイプがある。（図8.13）

一筆書きパターンにおいては、ピッカーはピッキングツアーにおいて各通路の全ロケーションを訪問する。よって、Aピッキングゾーンをピッキングエリアの端部に割り付けても、ピッカーの歩行距離を短縮することはできない。実際、そうすることで渋滞を引き起こす可能性が高まるため、ピースピッキングについては、Aピッキングゾーンはピッカーの腰の高さと定義し、パレットラックからのケースピッキングの場合には床面付近と定義すべきである。

サイドトリップを伴う主通路型のピックパスを使う場合、その目的はサイドトリップの回数と距離を最小化することにある。よって、Aピッキングゾーンは、主通路沿いのフローラックのロケーションと定義すべきである。

2台または3台のカルーセルを1組とするゾーンからピッキングする場合、交互に異なるカルーセルからピッキングすることで、ピッカーの待ち時間を排

オーダーピッキングの最適化 **[第8章]**

図8.13 一筆書きピックパスとサイドトリップを伴う主通路型ピックパス

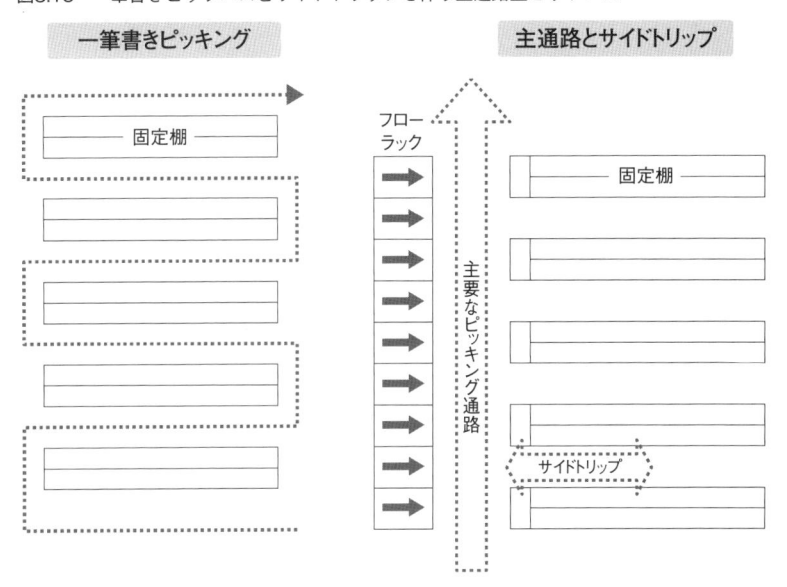

一筆書きピッキング　　　　　　　　　**主通路とサイドトリップ**

除することができる。またこの場合、Aピッキングゾーンはピッカーの腰の高さにあるロケーションと定義すべきである。

マッピング結果に従ってスロッティングする

　ゴールデンゾーニングの原理は単純に、最も出荷頻度の高いアイテムを、最もアクセスしやすいロケーションに割り付けることである。RightSlot™においては、各ロケーションをアクセスのし易さによりランキングし、各アイテムをピッキング密度によりランキングする。最初に、最もピッキング密度の高いアイテムを最もアクセスし易いロケーションに割り付け、次にピッキング密度の高いアイテムを、2番目にアクセスしやすいロケーションに割り付ける。そして全アイテムのスロッティングが完了するまで、この作業を繰り返すのである。

再スロッティング統計数値を構築する

　残念ながら、アイテムが適正にスロッティングされたとしても、直ぐにそれらアイテムのアクティビティプロファイルは変化する。例えば、通販業界では、

カタログの変更は、ウェアハウス・アクティビティプロファイルを大幅に変化させ、よってスロッティング要件にも大きな影響を及ぼす。従って、現在のスロッティングをメンテナンスすることは、最初のスロッティングプログラムで達成した生産性および保管密度の改善を維持するために極めて重要である。

再スロッティングプログラムの構築および導入

おそらく、より難しい問題は、ウェアハウス全体の再スロッティングを実行するタイミングであろう。残念ながら、これに関しては一般的なルールは存在しない。多くのウェアハウスには、固有の需要変動サイクルが存在する。例えば、大手通販会社であるL.L.ビーンは、春、夏、秋、冬の年4回メインカタログを発行する。この場合、シーズン毎に、再スロッティングすることが妥当である。一部の企業においては、年度初めの閑散期がウェアハウス全体の再スロッティングを実施するための最良のタイミングとなっている。例えば、化粧品の製造およびネットワークビジネスを行っているエイボンは、年間26回のプロモーションキャンペーン（2週間サイクルで販売商品を入れ替える）を実施する。よって、彼らのウェアハウスでは年間26回再スロッティングを実施している。

ライフウェイ クリスチャン リソーシズの事例

ライフウェイ クリスチャン リソーシズは、キリスト教関連のメディア（書籍、季刊誌、カセットテープ、CD、ビデオなど）およびギフトアイテムを、全米の書店（小売チャネル）、教会（教会販売）、個人（通販）に対し販売する会社である。15,000点以上の商品が、テネシー州ナッシュビルにある60万平方フィートのDCに保管されている。各事業部の保管用在庫は、高層ラックのロケーションでランダムに保管され、一元管理されている。ピッキング在庫は、事業部毎にエリア分けされ、低層ラックの固定ロケーションに保管されている。このビジネスは利益率が低いため、高度な機械化システムに投資する資金は持ち合わせていない。よって、この会社のウェアハウジング戦略は、運用から作業要素をできる限り排除し、効率化を目指すものとなった。

小売事業部のピッキングエリアのスロッティングおよびレイアウトを、図8.14に示す。ウェアハウスの中央にU字型の主要なピックラインが設定されている。このピックラインに沿って移動しながら、ピッカーは1回のピッキングツアー当たり約20オーダーを同時にピッキングする。最大24件のオーダーに対応するよう特別に設計されたカートにより、ピッカーはピッキングしながら

オーダーピッキングの最適化 [第8章]

素早く、そして効率的にピッキングしたものをカート上で仕分けしていく。出荷頻度が高く出荷容積の大きいアイテムが、レイアウト中央にあるケースフローラックに保管される。ピッカーは各ピッキングツアーにおいて全フローラックの間口を通過するので、ピッキング作業を平準化するためにAアイテムは、フローラックのピックラインに沿って均等に分散して配置されている。最も出荷頻度の高いアイテムが、フローラック内のゴールデンゾーン、つまり作業員の腰の高さに保管される。残りのアイテムは、固定棚に保管される。歩行距離を最小化するために、高いピッキング密度を持つ固定棚のアイテムが、ピックラインに沿って、またはそれに近いロケーションに割り付けられる。このスロッティング戦略は、渋滞を解消し、ピッキング活動の約75％が主要なピックラインに沿って行われる。フローラックに対するリザーブ在庫は、後ろの壁に沿ったダブルディープのパレットラックに保管されている。補充はバッチ化され、フローラックの背面から行われる。固定棚に対するリザーブ在庫は、横の壁に沿ったシングルディープの固定棚の補充しやすいロケーションに保管されている。

このスロッティング戦略は、最小の投資とリスクで従来の2倍の生産性とレスポンスタイムの改善をライフウェイにもたらしたのである。

図8.14　ライフウェイ クリスチャン リソーシズにおける小売事業部のスロッティング戦略

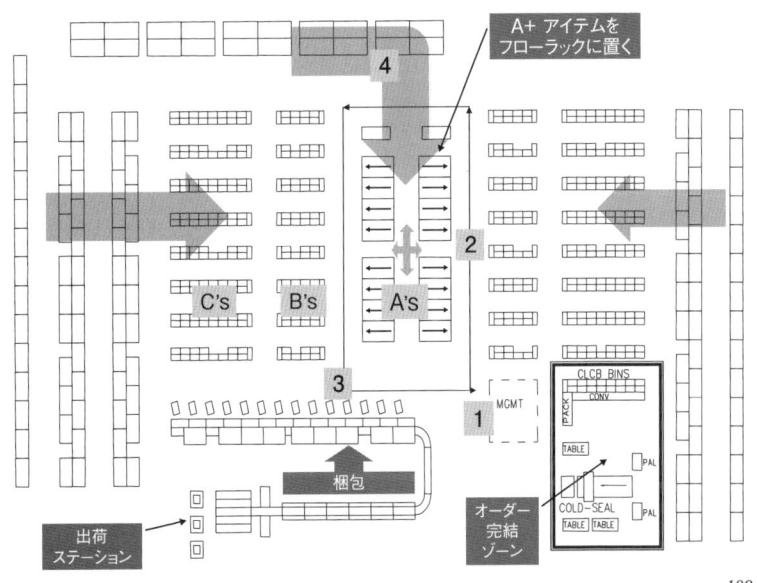

4 RightRoutes™：ピックシークエンシング

ピッキング戦略において、ピックロケーションのアクセス順の決定（シークエンシング）は、歩行時間を劇的に短縮し、同時にピッキング生産性を大きく改善することができる。例えば、作業員搭乗型自動倉庫の移動時間は、ラックの上方と下方の2つに分割して、ロケーションにアクセスするだけで、シークエンシング導入前（図8.15）よりも50％短縮することができる。ステーションから出ていく時に下方ラックのロケーションにアクセスし、ステーションに戻ってくる時に上方ラックのロケーションにアクセスするのである（図8.16）。

ロケーションへのアクセスは、歩きながらピッキングする方法においてもシークエンス化すべきである。ケースピッキングの運用において、オーダーに1枚以上のパレットが必要な場合、ピッカーは安定したパレットロードを構築し、同時に歩行距離を短縮するために、ピッキングツアーをシークエンス化するのである。

図8.15 ピックシークエンシング導入前のピッキングツアー

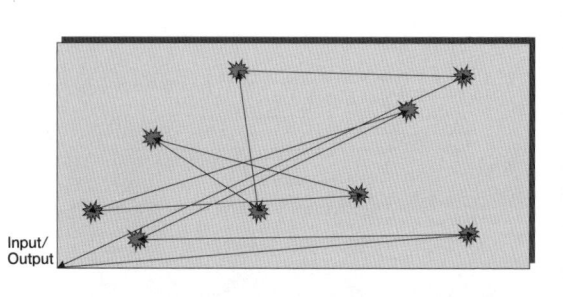

図8.16 ピックシークエンシング導入後のピッキングツアー

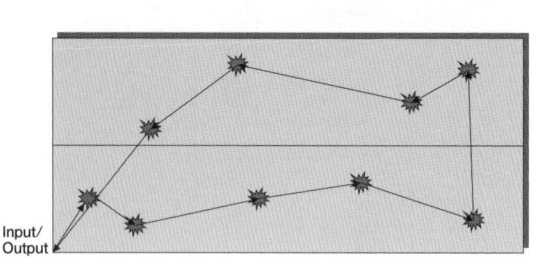

Chapter 9 第9章

RightPaths™
庫内レイアウト最適化の
7ステップ

庫内レイアウトの設計は、庫内の各活動、つまり入荷、入荷仮置き、パレット保管および取り出し、ケースピッキング、ピースピッキング、梱包、オーダーの集約、出荷仮置きなどの活動を、まるでパズルのピースのように組み立てていくようなものである。パズルと同様に、すべての個々のピースの形状およびサイズが決まるまで、ウェアハウス全体のレイアウトを完成させることは不可能である。1つ1つのピースの形状とサイズの決定については、これ以前の章においてすでに、各活動に対する設備の選定およびスペース要件の定義を通して解説してきた。この章ではこれらの活動を効率的な庫内レイアウトに集約する、7ステップからなるRightPaths™手法（以下に記述）について解説する。

1 スペース要件計画

庫内レイアウトは、主にスペース要件と庫内活動の相互関連性により決定するべきである。庫内レイアウトを設計するための最初のステップは、"全庫内活動のために必要な全体のスペース要件を決定する"ことである。図9.1は、RightHouse™レイアウト最適化システムのスペース要件最適化画面であり、長期的なスペース要件のサマリーを示している。

保管要件計画

保管スペース計画において最も難しい決定の1つは、最終的な保管エリアの大きさをピーク時の保管要件の何割くらいにするのが適切か判断することである。ピークの期間が短く、同時に平均に対するピークの比率が高い場合、一時的なスペース（外部倉庫またはトレーラーを使った保管）を確保して、ピーク時の保管要件を賄うことを考慮すべきである（図9.2）。反対にピークの期間が長く、平均に対するピークの比率が低い場合、保管エリアはピーク時の保管要件またはそれに非常に近い大きさにすべきである（図9.3）。

占有率 vs. 生産性／安全性

保管スペース要件計画に関するもう1つの重要な検討事項は、ウェアハウスロケーションの占有率である。保管ロケーションの活用率が85％から90％を超えると、作業生産性と安全性が劇的に低下するからである（図9.4）。

庫内レイアウト最適化の７ステップ ［第９章］

図9.1 RightHouse™レイアウト最適化システムのスペース要件最適化の画面イメージ

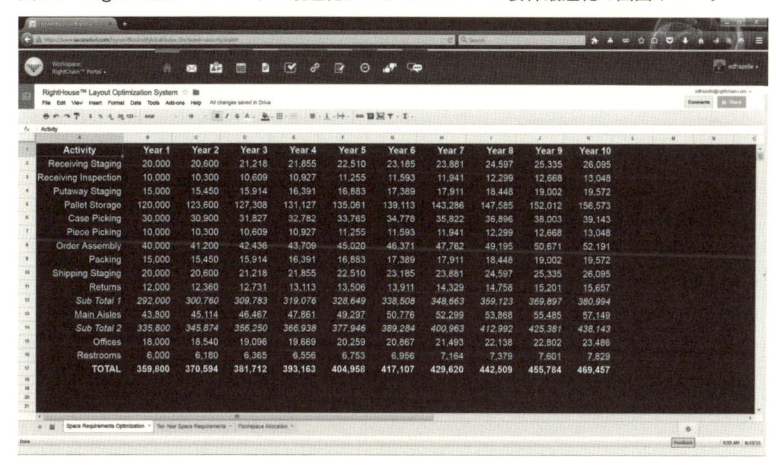

Activity	Year 1	Year 2	Year 3	Year 4	Year 5	Year 6	Year 7	Year 8	Year 9	Year 10
Receiving Staging	20,000	20,600	21,218	21,855	22,510	23,185	23,881	24,597	25,335	26,095
Receiving Inspection	10,000	10,300	10,609	10,927	11,255	11,593	11,941	12,299	12,668	13,048
Putaway Staging	15,000	15,450	15,914	16,391	16,883	17,389	17,911	18,448	19,002	19,572
Pallet Storage	120,000	123,600	127,308	131,127	135,061	139,113	143,286	147,585	152,012	156,573
Case Picking	30,000	30,900	31,827	32,782	33,765	34,778	35,822	36,896	38,003	39,143
Piece Picking	10,000	10,300	10,609	10,927	11,255	11,593	11,941	12,299	12,668	13,048
Order Assembly	40,000	41,200	42,436	43,709	45,020	46,371	47,762	49,195	50,671	52,191
Packing	15,000	15,450	15,914	16,391	16,883	17,389	17,911	18,448	19,002	19,572
Shipping Staging	20,000	20,600	21,218	21,855	22,510	23,185	23,881	24,597	25,335	26,095
Returns	12,000	12,360	12,731	13,113	13,506	13,911	14,329	14,758	15,201	15,657
Sub-Total 1	292,000	300,760	309,783	319,076	328,649	338,508	348,663	359,123	369,897	380,994
Main Aisles	43,800	45,114	46,467	47,861	49,297	50,776	52,299	53,868	55,485	57,149
Sub-Total 2	335,800	345,874	356,250	366,938	377,946	389,284	400,963	412,992	425,381	438,143
Offices	18,000	18,540	19,096	19,669	20,259	20,867	21,493	22,138	22,802	23,486
Restrooms	6,000	6,180	6,365	6,556	6,753	6,956	7,164	7,379	7,601	7,829
TOTAL	359,800	370,594	381,712	393,163	404,958	417,107	429,620	442,509	455,784	469,457

図9.2 平均に対するピークの比率が高い場合の保管要件の時間的推移

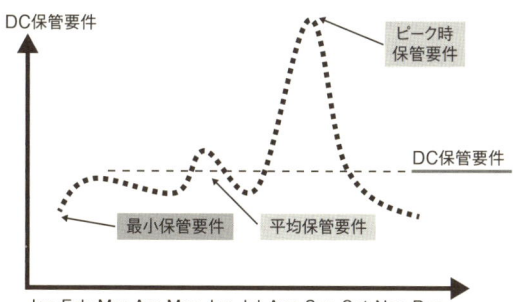

図9.3 平均に対するピークの比率が低い場合の保管要件の時間的推移

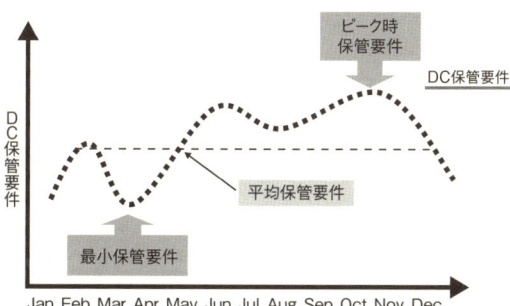

193

図9.4 ウェアハウスロケーション占有率 vs. ウェアハウス生産性／安全性

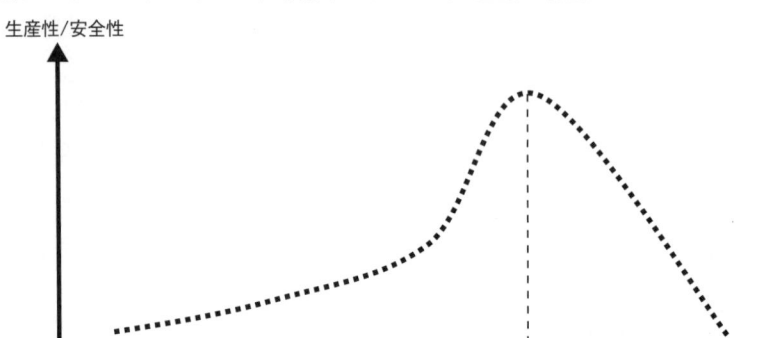

スチール社（STIHL）の事例

　最近、今後10年間に亘るスチール社の庫内保管要件の合計を予測するプロジェクトを依頼された。パレット保管が庫内で最もスペースを要する活動となるため、パレットの保管スペース要件から計算を始めた。この計算方法とシナリオを次に解説し、さらに図9.5に示す。

- マーケティング部門から提供される予測販売個数を、在庫管理部門から提供される年間在庫回転数で割り、平均在庫数量を計算する
- 平均在庫数量を、アイテムマスターファイルからの1パレット当たりの平均積付数で割り、平均在庫パレット枚数を計算する
- 平均在庫パレット枚数に、アイテムマスターファイルからの平均に対するピーク在庫比率を掛けて、ピーク在庫パレット枚数を計算する
- ピーク在庫パレット枚数に、保管計画であらかじめ定義したピークに対する活用率を掛けて、効率的なパレット保管キャパシティを計算する
- 効率的なパレット保管キャパシティをロケーション占有率（通常シングルディープパレット保管の場合85％）で割り、必要なパレット保管ロケーション数を計算する
- 必要なパレット保管ロケーション数を保管密度（パレット当たりの面積は、通路の幅と保管高さの関数として計算される）を掛けて、必要な床面積を計算する
- 必要な床面積に単位面積当たりの年間コストを掛けて、年間占有コストを

推定する

図9.5 RightHouse™ レイアウト最適化システムの保管要件最適化の画面イメージ

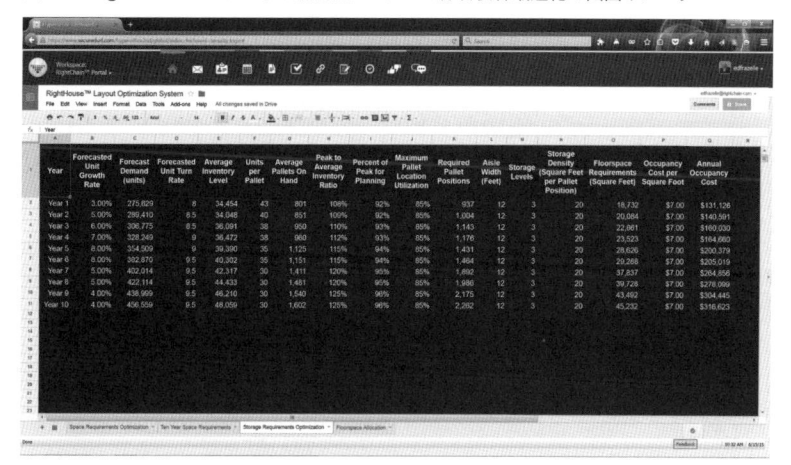

2 隣接性最適化

　物の流れを中心として"高い隣接性を要する活動は互いに近くに配置するべき"である。例えば、入荷ドックと保管エリアの間には多くの物の流れが発生するため、保管エリアは入荷ドックの近くに置くべきだ。同様に、入荷とクロスドッキング、クロスドッキングと出荷、ケースピッキングとパレット保管、ケースピッキングとピースピッキング、ピッキングとカスタマイズおよび梱包、カスタマイズおよび梱包と出荷等の間にも高い隣接性が存在する。入荷と出荷を近くに配置すると、物の流れはU字型のレイアウトとなる場合が多い。

　庫内活動関連図（庫内活動総当たり表）を使って、庫内活動の隣接性の強さを評価し、点数で記入していく（図9.6）。この図は、ブロックレイアウトで互いの活動および機能の配置を検討する際に用いられる。例えば、パレット保管エリアは効率的な格納のために、入荷仮置きに隣接させることが重要となる（図9.6では非常に強い隣接性を表す"2"と評価している）。施設レイアウトツー

図9.6 庫内活動関連図の画面イメージ（RightHouse™レイアウト最適化システム）

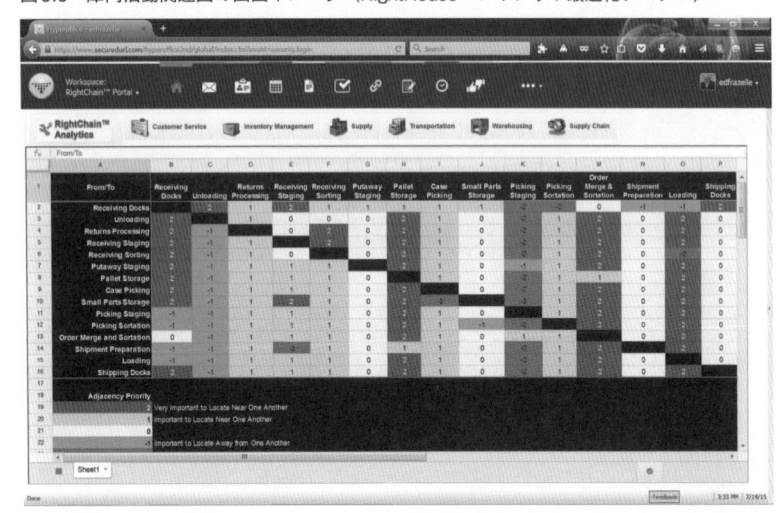

図9.7 ブロックレイアウトの画面イメージ（RightHouse™レイアウト最適化システム）

庫内レイアウト最適化の7ステップ ［第9章］

ルは、こうした隣接性要件、各活動の床面積要件、動かすことのできない建物の構造躯体を情報としてインプットして、最適な施設のブロックレイアウトを計算する（図9.7）。CADツールは、ブロックレイアウトから詳細なレイアウトを描く際に有効である（図9.8）。

図9.8　ブロックレイアウトを詳細レイアウトに変換した画面イメージ

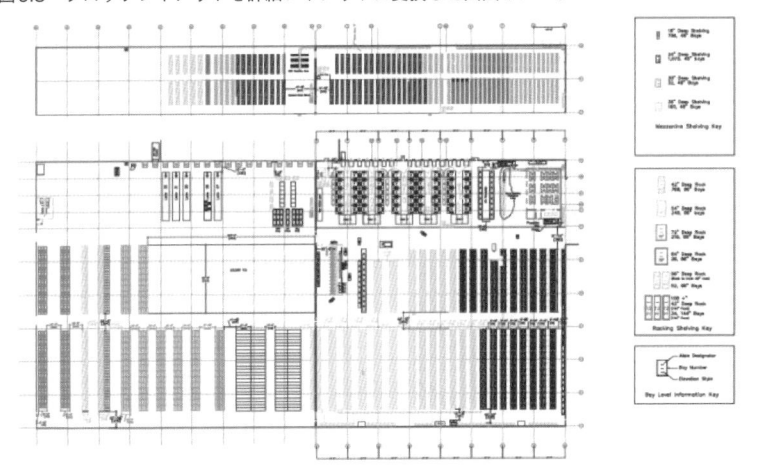

3 物の流れを計画する

ウェアハウス内の物の流れの大半は、次の4つのパターンに分類できる。U字型、直線スルー型、モジュラー大動脈型、多層階型の4つである。ウェアハウスのレイアウト設計にあたって、ウェアハウス全体の性格を決定する、上記4つのパターンのうち1つのパターンが選択されるが、複数のパターンを組み合わせて採用する場合もある。

U字型フロー

U字型フローの事例を図9.9に示す。最も一般的なウェアハウスの物の流れは、入荷から入荷仮置き、パレット保管、ケースピッキング、ピースピッキン

197

グ、オーダー集約、出荷という順になる。

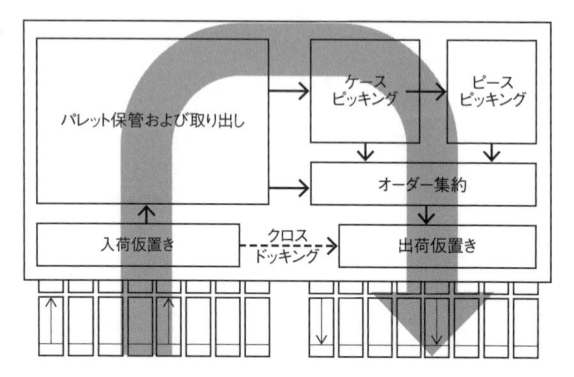

図9.9 一般的なU字型フローパターン

U字型フローは、他の3つのフローパターンに対して以下のような多くの優位性を持っている。

- 入荷および出荷作業においてドックドアを共有できるため、ドックに関するリソース（ドックドア、ドック設備、ドック作業員、ドック監督者）の活用率が上がる
- 入荷および出荷ドックが互いに隣接、または供用することができるため、クロスドッキングが容易になる
- 格納および取り出しの活動を一緒にすること（インターリービング）が容易であり、また通常入荷および出荷ドックに最も近い保管ロケーションに回転の速いアイテムが保管されるため、フォークリフトの活用率が非常に高くなる
- 3方向への拡張が可能である
- 建物の1辺だけに入口と出口があるため、高いセキュリティを維持することができる

こうした優位性により、U字型フローは、他のすべてのフローパターンの採用を検討する際のベンチマークとなる。

直線スルー型フロー

直線スルー型フローの事例を図9.10および図9.11に示す。直線スルー型のレイアウトは、工場に隣接して直接生産ラインから入荷品が到着する運用や、純粋なクロスドッキング施設（時に"フロースルー施設"と呼ばれることがある）、

庫内レイアウト最適化の7ステップ ［第9章］

または入荷と出荷のピークが重なるような運用に適している。このフローパターンの主な欠点は、ABC保管（出荷頻度順によるスロッティング）の利点および、インターリービング（例えばピッキングと格納）が活用できないことにある。

図9.10 直線スルー型フローパターン

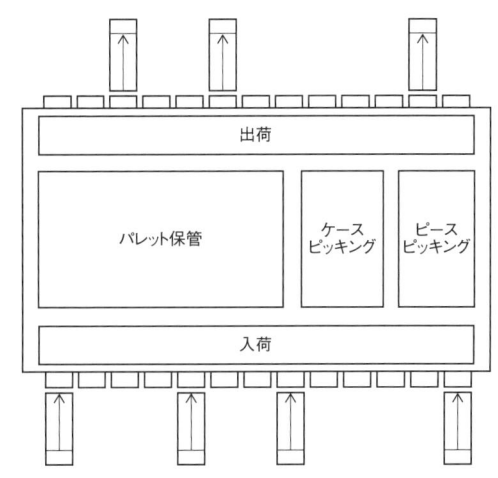

図9.11 生産工場隣接の直線スルー型フローパターン

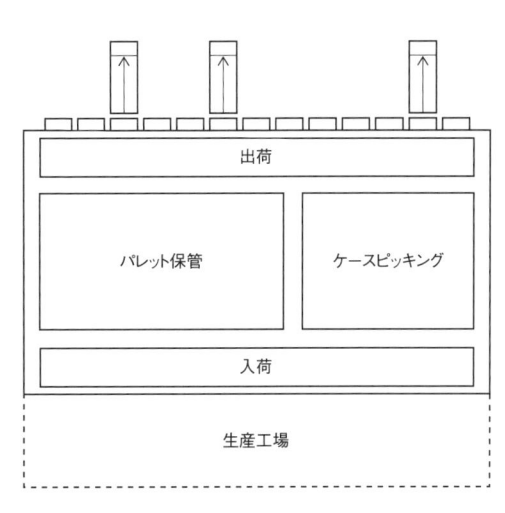

モジュラー大動脈型フロー

大型のウェアハウスにおいて、特定のウェアハウス活動専用の独立した建物を繋げるためにモジュラー大動脈型フロー（図9.12）が活用される。図9.12の事例にあるウェアハウスは、ケース自動倉庫のための高層の建物、名入れや値付け作業のようなカスタマイズ作業のために空調が完備された低層の建物、返品処理に特化した低層の建物、また高速ソーターを備えた出荷用の低層の建物などから構成されている。

図9.12　モジュラー大動脈型フローパターン

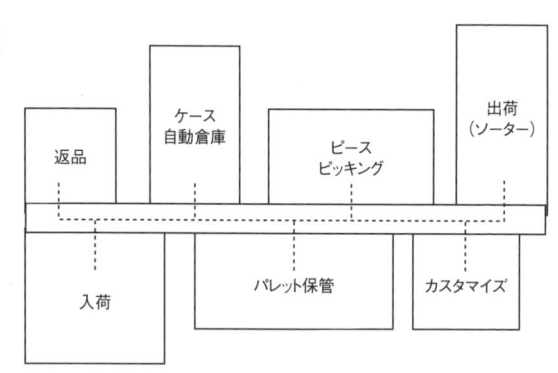

多層階レイアウト

多層階のウェアハウスは、土地が非常に限られたところ、すなわち高い保管

図9.13　日本の大手アパレル通販企業スクロールの多層階DC

要件が重要視される地域において多く採用されている（図9.13）。従って多層階のDCは、日本やヨーロッパの一部地域においてごく一般的に見られるものである。これらの施設においては、運用が複雑になることとフロア間の物の移動がボトルネックになるために、他のフローパターンと比べるとウェアハウス全体の生産性は低くなる。

4　高層空間 vs. 低層空間

ウェアハウスにおける建物の容積（空間）活用率が低いことの大きな理由の1つは、低層空間で行われるべき活動（入荷、ピースピッキング、ケースピッキング、カスタマイズ、返品処理など）が、しばしば高層空間で実行されていることにある。もし高層空間が存在するなら、複数の低層で行うべき活動を収容するために、メザニンフロアを設けることにより、空間の効率的な活用が可能となる。ウェアハウスの設計における基本原則は、高保管要件を持つ活動を高層空間に割り付け、高い生産性を要求する労働集約的な活動を低層空間に割り付けることである。

5　マテハン設備

ひとつの活動の中で利用するマテハンに加えて、ウェアハウスの複数の活動を跨いで活用するマテハンも存在する。活動間の移動に対応する2つの基本的なマテハン設備は、産業車輌とコンベヤである。

産業車輌

マルチロードフォークリフト、AGV、トラバーサー、自動倉庫が、DC内の主要な活動間での物の移動に利用される代表的な産業車輌である（図9.14、図9.15）。AGVは、標準化されたサイズのユニットロードを複数の固定ステーション間で移動する際に、世界中で広く使われている産業車輌である。

図9.14 AGVは庫内活動間の物の移動において益々一般的になりつつある

図9.15 日本の大手飲料メーカーは、トラバーサーを活用し、高速でパレットを移動する

コンベヤシステム

天吊り駆動式およびフリーコンベヤ、パレットコンベヤ、トウラインコンベヤはすべて、ウェアハウスの主要な活動間の物の移動に活用されているコンベヤシステムである（図9.16、図9.17）。

図9.16 駆動式ローラーコンベヤは、DCの活動間におけるコンベヤ移動のベンチマークとして用いられる

図9.17 天吊りモノレールは、静かで高速のウェアハウス活動間移動を提供する

6 スペース効率

ウェアハウスのあるエリアそして全体のレイアウトにおける必要な床スペースは、以下の方法により縮小されなければならない。

- 建物の長辺と平行に保管レーンおよびパレットラックを並べて設置する（図9.18）。または短辺と平行に並べて設置する（図9.19）
- 建物の内壁に沿って、保管レーンおよびラックを配置する（図9.20）
- 大きな保管エリアにおいてはフリーロケーションを採用する
- 可能な場合、通路の頭上のスペース（図9.21）、ドックの頭上スペース（図9.22）、またはコンベヤラインの上のスペースを活用する（図9.23）
- 建物の柱を保管用ラックで挟み込む（図9.24）

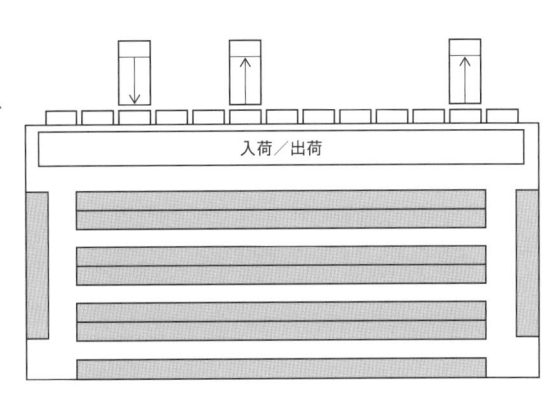

図9.18 建物の長辺に沿って配置された保管レーンは、床スペース活用率が高くなる

図9.19 建物の短辺に沿って配置された保管レーンは、よりアクセスし易いロケーションを提供する

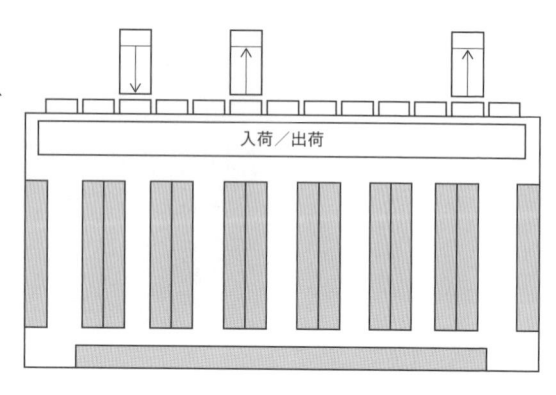

図9.20 建物の内壁に沿って設置された保管ラックは、スペース活用率を上げる（オクソ社、モンテレイ、メキシコ）

図9.21 通路頭上の保管スペース

庫内レイアウト最適化の7ステップ　[第9章]

図9.22　通信企業のウェアハウスのドック頭上保管スペース（ピッツバーグ，アメリカ）

図9.23　日本の卸売企業のDCにおけるコンベヤライン上の保管スペース

図9.24　ペイレスシューズ社において、我々は床スペース活用を最大化するために、2つの棚の間に柱を挟みこむレイアウトを設計した（写真は棚設置前）

205

7 拡張／縮小計画

　私たちが明日について知っている唯一のことは、今日とは違うという事である。ウェアハウスにおいては、"違う"ということは、日々変化するオーダーサイズやアイテム、レスポンスタイム、在庫、品揃え、作業員数、さらには急速に進歩を遂げるテクノロジーなどを意味する。今日の加速化する変化に対応するために、庫内レイアウトは、庫内の各エリアおよび全体についての将来の拡張または縮小を見据えて綿密に計画されなければならない。

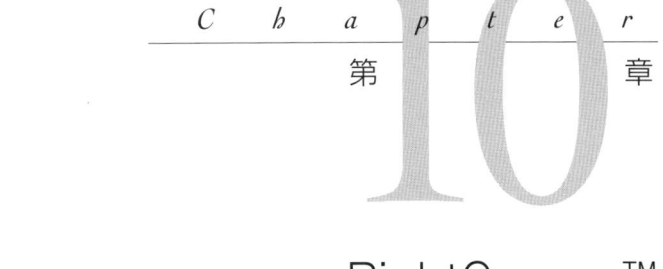

第10章 RightComms™ ウェアハウスコミュニケーションシステムの全体像

毎年我々は、WMSの機能に関する業界の優先順位を知るための調査を行っている。ほぼ毎年、優先順位のトップ3は、(1) ペーパーレスコミュニケーション、(2) リアルタイム在庫、(3) 生産性の測定が占めている。

なぜ、"ペーパーレス"が最も高い優先順位なのだろうか。世界水準のウェアハウジングを達成するためのハードルの多くは、紙およびその取り扱いに関連するものである。第1に、紙は無くし易い。私は毎日紙を無くしている。第2に、紙は読んで情報を探し出さなければならない。ウェアハウスで紙の帳票を読む場合、ある特定の情報を見つけ出すために、膨大な情報に目を通さなければならない。第3に、情報を更新する際、紙には何かを書かなければならない。第4に、紙の上の情報は、リアルタイムで伝達することができない。結果として、在庫レベルやロケーション、作業状況などのエラーをリアルタイムで認識できず、クロスドッキングやインターリービングが困難になるか、またはできないのである。第5に、紙は印刷し、取り扱い、ファイリングするために大きなコストがかかる。第6に、紙は破れやすく、汚れやすい。ペーパーレスウェアハウジングと世界トップクラスのウェアハウジングには、密接なつながりがあるのだ。

ペーパーレスでリアルタイムのウェアハウジングには、それを可能にするための"一組の機器とコミュニケーションテクノロジー"が必要となる。これらの機器は、統合化されたロジスティクス情報システム（LMS）の背骨を形成するデータ収集およびコミュニケーション機器である。これらの機器は日々進歩しているため、本書では完璧にアップデートされた最先端のペーパーレスウェアハウステクノロジーを紹介することは不可能である。その最新情報を知るための最良の方法は、ロジスティクス業界の展示会および関連するウェブサイトを定期的に確認することである。

次に必要となる庫内のコミュニケーションテクノロジーの領域は、基本的に以下の2つにより構成される。第1に、ペーパーレスウェアハウジングを実行するために、ウェアハウジングに使われる対象物（コンテナ、ドキュメント、フォークリフト、ロケーションなど）を自動的に認識する技術が必要である。それらは"自動認識技術"と呼ばれており、OCR、バーコードおよびリーダー、電子タグとリーダー、磁気ストライプカードとリーダーが含まれる。

第2に、庫内作業員と情報を通信する技術が必要である。それらは、"自動コミュニケーションテクノロジー"と呼ばれ、無線データコミュニケーション、デジタル表示器、音声システム、ビジョンシステム、仮想ヘッドマウントディスプレイが含まれる。

ウェアハウスコミュニケーションシステムの全体像 [第10章]

ペーパーレスウェアハウジングコミュニケーション機器は、庫内作業員とWMSの間のインターフェースとして機能する。瞬間的に、無数の情報のやり取りの中で行われる判断が、ウェアハウス全体の生産性、精度、スピードを左右するのだ。従って、これらの機器およびシステムの設計や選定は、オペレーション全体の成功を左右すると言っても過言ではない（図10.1）。

図10.1　RightComms™　ウェアハウスコミュニケーションシステムの体系

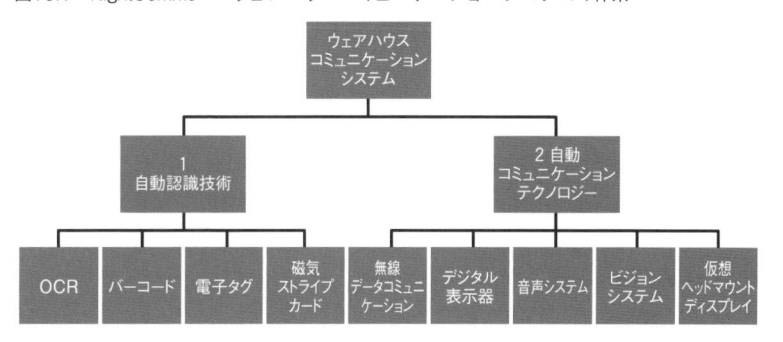

```
                    ウェアハウス
                  コミュニケーション
                    システム
                  ／          ＼
            1                      2 自動
         自動認識技術          コミュニケーション
                                テクノロジー
      ／ ／ ＼ ＼            ／ ／ ｜ ＼ ＼
   OCR バーコード 電子タグ 磁気       無線       デジタル 音声  ビジョン 仮想
                        ストライプ  データコミュニ 表示器  システム システム ヘッドマウント
                        カード     ケーション                           ディスプレイ
```

1 自動認識技術

4つの主要な自動認識技術が、ウェアハウス内で活用されている。OCR、バーコード、電子タグ、磁気ストライプカードである。

OCR

稀ではあるが、OCRは今でも一部の庫内運用で活用されている。OCRは、人間と機械どちらも読み取ることができる。銀行小切手の下にある数字は、OCRの典型的な事例である（図10.2）。OCRシステムは、人間だけでなくコンピュータが情報を解釈できるように、光学的に文字情報を読み取るものである。バーコードと同様に、OCRラベルはハンディ端末または自動スキャナーにより読み取られる。OCRシステムは、バーコードシステムに比べて、価格は同程度だが、読み取り速度は落ちる。OCRシステムは、人間と機械の両方が読み取ることが必要な環境において有効である。

図10.2 OCR文字列

```
ABCDEFGHIJKLMNOPQRSTUVWXYZ
1234567890  $  +  <  >  /  \  ⌐  .  -  ,
```

バーコード

バーコードシステムは、エンコードおよびデコードするために数字および黒いバーとスペースで構成される一組のバーコード"シンボル"、バーコードシンボルを読み取り・解釈するリーダー、そしてバーコードをラベル、ケース、ピッキング/出荷用帳票に確実かつ正確に印刷するプリンターにより構成される。

(1) バーコードシンボル

バーコードは、一連の長方形のバーとスペースが交互に印刷されたものである。長方形のバーとスペースの組み合わせにより、様々なアルファベット/数字を表現している。同じパターンでも、他のシンボル/コード体系においては、異なる文字/数字を表す場合がある。

このコードは、3つの主要なグループに分類される。1次元コード、スタック型2次元コード、マトリクス型2次元コードである。

1次元コード（図10.3）は、最も一般的なバーコードのタイプである。コード内のすべての情報は、コードの左から右へスキャナーにより読み取られ、デコードされる。

図10.3 1次元コード

312345 67890

スタック型2次元コードは、単純に1次元コードを他の1次元コードの上に積み上げたものである（図10.4）。1次元コードと比べた時のこのコードの大きな利点は、小さな面積に大容量の文字/数字情報を格納することができる点にある。

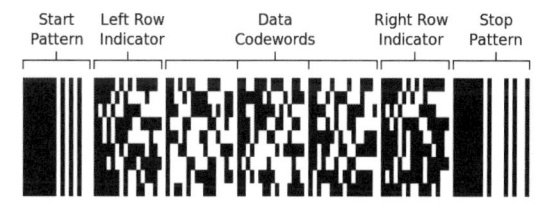

図10.4 スタック型2次元コード

Start Pattern　Left Row Indicator　Data Codewords　Right Row Indicator　Stop Pattern

　マトリクス型2次元コードは、高密度コードとも呼ばれ、同じ領域に、上下左右のマトリクスのセルでコード化したものである。これらのコードは、1平方インチのスペースに、ほぼ1ページ分のテキスト情報を自動的にエンコードすることができる。その例としては、データマトリクス/UPSのマキシコード、そして現在最も需要の大きいQRコードが含まれる。QRコードは、今日のバーコードの世界において最新の大きなトレンドとなっている。QRコードは、日本で開発されたマトリクス型2次元コードの1つであり、情報密度の高さおよびURLのエンコード機能があることにより急速に普及しつつある（図10.5）。

図10.5 QRコード

　バーコードは、製品、コンテナ、ロケーション、作業員、設備、そしてドキュメントを認識するために効果的に活用することができる。ただし、バーコードへの過剰な期待が、バーコードの活用そのものを目的化してしまい、あらゆるものにバーコードを使うことになる危険性がある（図10.6）。成功のための鍵は、ロジスティクスにおける自動コミュニケーションの目的を達成するために必要なバーコード活用を最小限に抑えることである。もしバーコードを使いすぎ、スキャンする回数が多くなると、全バーコードを印刷しスキャンするためのコストおよび時間が、バーコードによるコスト、生産性および精度の改善を相殺してしまうことになりかねない。

図10.6 ラベルの貼り過ぎ、バーコードの使い過ぎのケース

(2) バーコードリーダー

バーコードリーダーには、接触型と非接触型がある。接触型リーダーは、(読み取りのために)バーコードに接触する必要がある。接触型リーダーは、携帯式または固定式があり、一般的にはペンの形を取る。作業員は、そのペンでバーコードを横切るようになぞって読み取る(図10.7)。リーダーは、ペンから赤色光/レーザー光を照射し、バーコードから反射される光のパターンを読み取る。接触型リーダーは、キーボードまたは手入力によるデータ入力と比較して優れた方法である。一般的なリーダーでは、英数字情報は、毎秒4から24インチの速さで処理され、そのエラー率は100万分の1の割合である。

図10.7 ペン式の接触型バーコードリーダー

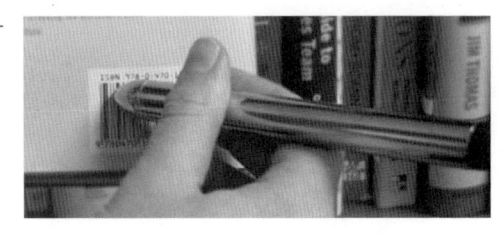

非接触型リーダー(図10.8 〜 10.10)は、固定式またはハンディ式であり、固定式ビームリーダー、ハンディ式ビームリーダー、固定式CCDリーダー、ハンディ式CCDリーダーが含まれる。非接触型リーダーは、固定ビーム、可動ビーム、ビデオカメラまたはラスタースキャンを使って、コードを横切る際

ウェアハウスコミュニケーションシステムの全体像 ［第10章］

に、1〜数百回の読み取りを行う。多くのバーコードリーダーは、各シンボル形式に固有のスタート／ストップキャラクタを識別し、解読する高度なデコーディングエレクトロニクスを使って、コードを2方向から読み取る。また、大多数のリーダーのメーカーは、自動的に複数のシンボル形式を識別し、読み取り、確認できる機器を提供している。さらに、メーカーはバーコードが通過する際、バーコードの向きにかかわらず、高速または広い視野角で読み取る能力を持つオムニディレクショナルスキャナーを開発している。このようなリーダーは、通常、高速ソーターに利用されている。

図10.8 ガンタイプの非接触型ハンディ式バーコードリーダー：数m先まで読み取ることができる（シアーズ、アトランタ、アメリカ）

図10.9 非接触型ハンズフリーバーコードリーダー：作業員は自由に手を使って他の作業を行うことができる（キャタピラー、アトランタ、アメリカ）

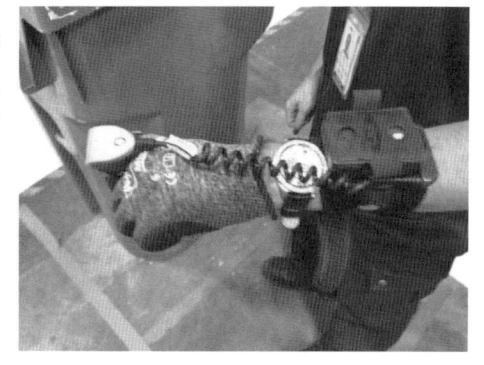

図10.10 非接触型固定式オムニディレクショナルスキャナー：高速ソーターに使われる場合が多い

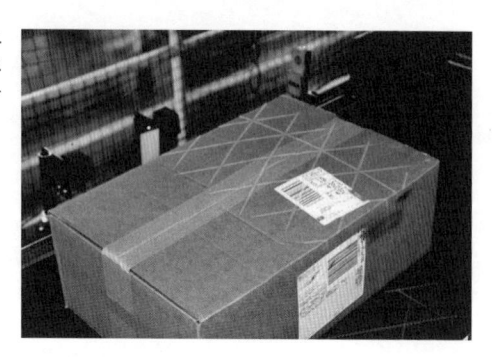

固定式ビームリーダー（図10.10）は、固定された光源を使って、バーコードをスキャンする。このタイプのリーダーは、スキャンされる対象物がビームを通過することでコードを読み取る。固定式ビームリーダーの場合、すべての移動する物体に正確にコードを貼付することが重要である。

電子タグ

電子タグ（無線タグ、ICタグ、RFタグ、RFIDタグなどとも呼ばれる）は、タグ内に組み込まれたチップにデータを書き込み読み取るものである。タグが特定のアンテナの（交信）範囲内にあると、チップ内の情報がリーダー/ライターにより書き込み読み取られる。タグは、書き換えまたは永久的にコード化する（書き換えない）ことができる（図10.11 〜 10.14）。

図10.11 電子タグ

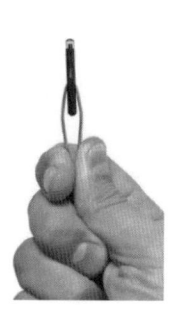

ウェアハウスコミュニケーションシステムの全体像 [第10章]

図10.12 タグの付いたパレット上に、タグの付いたケースが積まれ、さらに製品にも個別にタグが付けられている（出所：Cascading RFID Tags;Jeffrey D. Lindsay and Walter Reade Nov. 7, 2003）

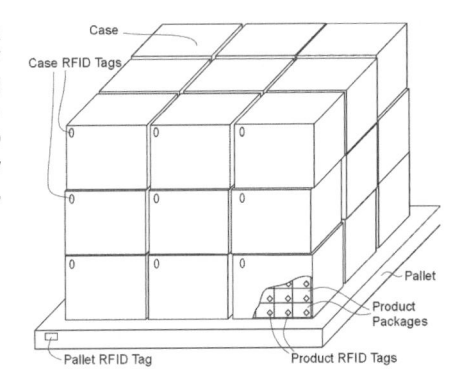

図10.13 入荷用パレットのRFIDタグリーダー（メトロ、ミュンヘン、ドイツ）

図10.14 出荷トート内のアイテムの読み取りに使われるRFIDタグリーダー（メトロ、ミュンヘン、ドイツ）

電子タグには、耐久性が高いという利点があるため、しばしばコンテナの永久的な識別に活用される。このタグはまた、印刷されたコードが劣化し、判読できなくなるような過酷な環境において特に有効である。

磁気ストライプカード

磁気ストライプは通常、クレジットカードや銀行カードの裏側に使われている。磁気ストライプは、大容量の情報を小さなスペースに保存するときに使われる。それは、土や油に汚れても読むことが可能であり、また保存されたデータは、書き換えが可能である。データの読み取り、書き換えのためにはストライプに接触することが必要なため、高速ソーターのような運用には適さない。このシステムは、通常バーコードシステムよりも高コストとなる。磁気ストライプカードは現在、従業員の識別から、トレーラーの貨物の中身の識別、さらにはオーダーピッキングツアーの組み立てに至るまで活用されている。例えば、ある大手化粧品メーカーのDCにおけるピッキングツアーは、このカードにダウンロードされ、その後、各ピッキングカートに設置されたリーダーにより読み取られる。ピッキングツアー（ルート）は、カートの前方に設置されたスクリーン上の庫内レイアウトに表示される（図10.15）。

図10.15　日本の大手化粧品メーカーDCにおいてオーダーピッキングに使われる磁気ストライプカード

2 自動コミュニケーションテクノロジー

　庫内作業を完了するために要求される基本的な情報は、移動する物の識別およびその量、出発点と目的地である。今日、光、無線(RF)、デジタル音声、仮想ヘッドマウントディスプレイなど、数えきれないほどの情報コミュニケーション方法が存在している。

無線データコミュニケーション

　ハンディ、フォークリフト搭載型、ハンズフリー無線端末は、在庫管理にも車輌/フォークリフト作業員の管理にも信頼性の高いツールとして広く利用されている。無線端末(図10.16、図10.17)は、複数言語ディスプレイ、キーボード、特殊ファンクションキーから構成されている。これらの端末は、庫内に配置されたアンテナとホストコンピュータのインターフェースユニットを経由して所定の周波数帯を使って、情報を送受信する。在庫精度および庫内のリソース活用率の改善が、これらの端末への投資を財務的に正当化する最大の理由である。さらに、それらの端末に対応したWMSパッケージソフトが増えてきたため、その導入の簡素化が進んでいる。ウェアハウスに導入されている無線端末の大半はハンディターミナルであり、主にデータ入力、製品の識別、ロケーション確認のために活用されている。

図10.16　大手玩具・ゲーム等の製造販売会社の東京DCにおけるタッチ画面付きフォークリフト搭載型無線端末

図10.17 タッチペン付き無線端末を使った循環棚卸 (ライフウェイ、ナッシュビル、アメリカ)

デジタル表示器

　光を使って作業員に指示するオペレーションでは、ピッキング、格納、仕分けなどの作業において、ランプおよび表示部（英数字）、ボタンから構成されるデジタル表示器が使われている。最も広く使われているのが、フローラック、固定棚、カルーセルからのピースピッキングである。フローラックまたは固定棚の場合、デジタル表示器は、各ピッキングロケーションの正面側に設置される（ロケーションラベルの代わりに）。ピッキングが必要な場合、そのロケーションのランプが点灯し、また、ピッキング数量が同じ表示器に表示される（図10.18、図10.19）。このタイプのピッキングの生産性は、通常1人時当たり300から600行であり、その精度は99.97％程度である。

　カルーセルにおいては、ライトツリーが各カルーセルの前に設置されている（図10.20）。カルーセル上のすべてのピッキングの段に対応して、ライトツリー上のランプが点灯する。ピッキング対象となるカルーセルの棚がピッカーの前

図10.18 デジタルピッキング（ベライゾン、アトランタ、アメリカ）

に止まったら、点灯しているランプに対応する段からピッキングを行う。

　光を使ったピッキングシステムはまた、ケースピッキングやパレット保管／取り出し作業にも活用することができる。

図10.19　通販企業のフルフィルメントDCのデジタルピッキングライン（ニュートリシステム、フィラデルフィア、アメリカ）

図10.20　水平カルーセル：手前にあるライトツリーがピッキングする段を指示（スウェージロック、クリーブランド、アメリカ）

音声システム

　庫内運用への合成音声の活用は、近年益々盛んになってきている。STPシステムにおいて合成音声は、静止した作業員への指示に使われる。例えば、ある食品卸企業のDCにおいて、カルーセルの作業員はランプでピック段数を指示され、合成音声により正しいピックロケーションと数量を指示される。

　可動式の音声システムでは、作業員はマイク付きのヘッドセットを着用する。合成音声を通じて、WMSは一連の作業を伝える。例えば、パレットの格納の場合、フォークリフト作業員は指定されたパレットを特定のロケーションに格納するという命令（音声）を聞くことになる。この作業が完了したら、作業員

は"格納完了"とマイクに向かって言う。その後、システムは作業員に対して、次の作業を指示する。もし、作業員が指示された作業を聞き漏らした場合、彼は単に"指示を繰り返せ"と言えば、システムはもう一度同じ指示を繰り返すのである（図10.21）。

図10.21 ドイツ最大のスーパーマーケットチェーン、エデカの音声ヘッドセットを使った低温DCにおけるケースピッキング

　音声システムの長所は、ハンズフリーで作業ができること、作業員の目が端末やディスプレイから解放されること、作業員の識字能力にかかわらずシステムが機能することである。もう1つの利点としては、システムのプログラミングが簡単なことが挙げられる。簡単なWindowsベースのソフトウェアパッケージで、必要な作業関連のすべての会話を構築することが可能である。ウェアハウスの全エリアに音声システムを導入するためには、入荷、格納、補充、ピッキング、出荷のための会話の登録が必要になる。これらの会話の登録が完了すれば、このシステム自体がWMSとして機能することになる。つまりこのシステムは、WMSの主要な機能を低コストで達成するための手法であると言える。典型的な可動式の音声システムは、無線端末システムとほぼ同程度のコストとなる。

ビジョンシステム

　ビジョンシステムのカメラは、対象物とコードの写真を撮り、解読するためにコンピュータに送信する。ビジョンシステムが優れた精度を発揮するには、適度なスピードで読み取る必要がある。このシステムは、読み取るときに対象物のコードに接触する必要がない。ただし、読み取り精度は、照明の質により

大きく左右される。ビジョンシステムのコストは下がりつつあるが、それでもまだ比較的高額である。

ある大手通販会社は最近、入荷にビジョンシステムを導入した。このシステムにおいては、入荷ケースがトレーラーからウェアハウスに入ってくる伸縮式コンベヤの上に設置されている。システムは、バーコードのついていない入荷ケースを識別し、ケース上に印刷された製品およびベンダー番号を読み取り、バーコードラベルを印刷し、ケース上に貼付するよう指示を出す（図10.22）。

図10.22 ドイツのライプツィヒにある大手通販会社クエレのDCにおけるビジョンシステムを使った自動入荷検品

大手HBCのクライアント企業の1つは、ピッキングエラーを自動的に検出するために、ピッキングエリアの至る所に、ビジョンシステムを活用している（図10.23）。

図10.23 大手HBC企業の自動ピッキング＆出荷検品

仮想ヘッドマウントディスプレイ

仮想ヘッドマウントディスプレイ（または、スマートグラス）は、作業員に対し歩行ルートや、特定の製品に対する特定の作業を指示するために、ディスプレイを通して見えるウェアハウスの床、製品、またはレイアウトに仮想の情報や指示、矢印などを重ねて表示する（図10.24）。このディスプレイはまた、作業員に仮想コンピュータ画面を表示し、作業員を3D庫内レイアウトの仮想ツアーに連れて行くことができる。この装置は、ウェアハウス内の各エリアのすべての作業員のトレーニングに活用することができる。

図10.24　仮想ヘッドマウントディスプレイ（ナップロジスティクス社、アメリカ）

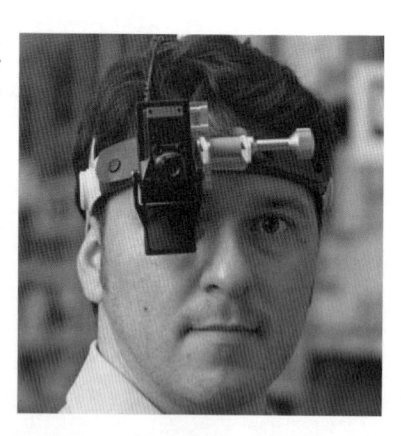

3　システム選定および正当化

ウェアハウスコミュニケーションテクノロジーは、各庫内活動に連動した固有の人間工学的特性を考慮して選定すべきである。例えば、ピッキング作業は手を使うことが中心となるため、音声システムまたはデジタルピッキングのようなハンズフリーテクノロジーを使った自動化に適している。ピースピッキングは、高頻度での手作業と探索が中心となるため、ランプや表示器を使って指示するシステムが適している。循環棚卸や検品は、ハンディタイプの機器が適している。各庫内活動におけるコミュニケーションのタイプ、環境、そして頻

ウェアハウスコミュニケーションシステムの全体像　[第10章]

度が、テクノロジー選定の指針となるべきである。最近あるクライアント企業のために開発した、ウェアハウスコミュニケーション設計の事例を図10.25に示す。

図10.25　大手小売業DCのためのRightComms™ウェアハウスコミュニケーションシステム設計

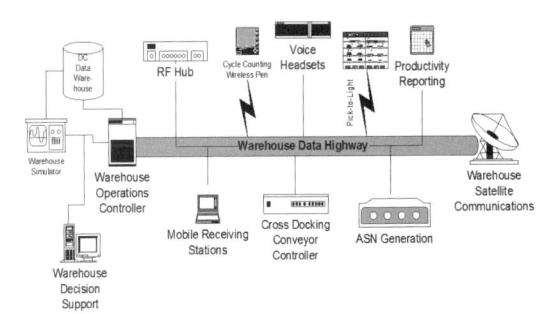

ウェアハウスコミュニケーションテクノロジーの選定において、もう1つの重要な要素は、ROIである。各庫内活動に対するROIを計算する際には、各テクノロジーの生産性、精度、投資、信頼性への影響度についても同時に考慮する必要がある。デジタルピッキング導入におけるROIの事例を図10.26に示す。

図10.26　ウェアハウスコミュニケーションシステムの正当化の画面イメージ

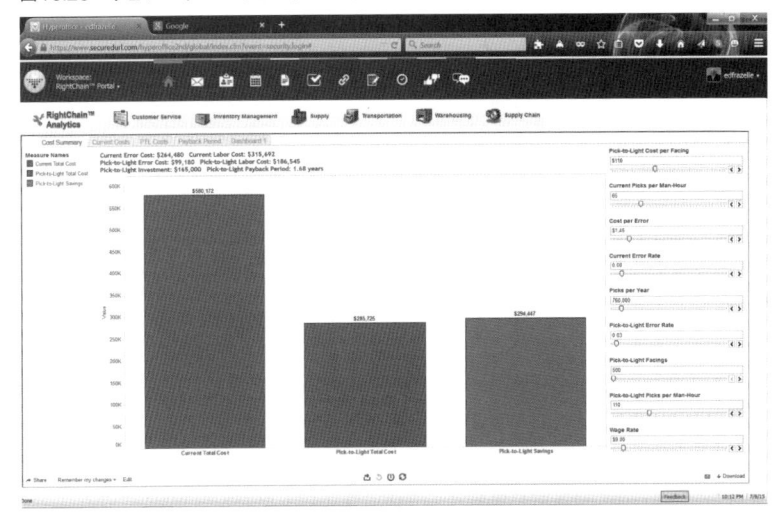

223

おわりに

三菱化学エンジニアリング株式会社　LogOS® チームリーダー　松川公司

本書『物流担当者のための世界水準のウェアハウジング理論とマテハンのすべて』は、エドワード・フレーゼル博士が2016年3月に米国で出版した『World-Class Warehousing and Material Handling 2nd Edition』の日本語版である。フレーゼル博士の著作は、既にダイヤモンド・リテイルメディア社から『在庫削減はもうやめなさい！』、白桃書房から『サプライチェーン・ロジスティクス』が刊行されており、我々 LogOS® チームが手がけるサプライチェーン関連書籍のシリーズ第3弾となる。

本書はフレーゼル博士の30年に及ぶ調査・研究及びコンサルティング活動から構築されたウェアハウジングの原理原則、プラクティス、システムの集大成であると言える。また同時に、ウェアハウジングの全体像を体系的に分かりやすくまとめたものである。監訳をお願いした小川先生が冒頭で記載されているとおり、物流・ロジスティクス戦略立案と、拠点施設の計画、設計、運用、改善のための手引書、研修テキスト、大学での授業テキストとしての活用が期待される書籍である。また、既にウェアハウジングに従事している実務者にとっては多くの気づきを与えてくれる参考書であり、これからウェアハウジングを学ぶ人たちにとっても良き指南書となるはずである。

実は、私が『World-Class Warehousing and Material Handling』の初版を手にしたのは今から15年近く前に遡ることになる。これはフレーゼル博士と出会う以前の話である。当時、私はDCの設計に携わるという仕事柄ウェアハウジング理論の書籍を探し回っていた。書店には実に多くの物流センター改善について書かれた和書があったが、何れもハウツー本であり、本書の様な原理原則を体系的に表した書籍は存在しなかった。半ばあきらめ気味で海外の書籍を探していたところ、偶然目に留まったのが正にこの初版であった。早速米国から取り寄せたのだが、世界最先端のウェアハウジング理論を手にできる喜びでワクワクし、手元に届く2週間が実に待ち遠しかった事を今でも鮮明に覚えている。その書籍をこの度、我々 LogOS® チームの手で翻訳し出版することができたことに大きな縁を感じるとともに、非常に感慨深いものが有る。

またその後、フレーゼル博士と出会い、博士が教鞭を執る米国アトランタの

おわりに

ジョージア工科大学で念願のウェアハウジングの講義を受講する機会を得ることができた。驚くべきことに、この講義には世界中の著名な企業からその企業の最高サプライチェーン責任者（CSCO）とそのチームメンバーが出席していたのだ。彼らの多くは経営に携わる人たちであるにもかかわらずウェアハウジング理論を学びに来ていたのだ。経営者自らが熱心に学ぶ光景を目のあたりにし、原理原則の重要性に改めて気づかされたのである。

それから10年が経ち、日本におけるビジネス環境およびロジスティクス環境は様変わりした。これまでの横並びの競争から、明確に「他社と何が違うのか」が求められる時代となってきている。こうした環境の中で勝ち残っていくためには、言うまでもなく自社独自のウェアハウジング戦略を構築しなければならず、これまでの様な他社の成功事例やノウハウを学ぶことで乗り切るには限界がある。ジョージア工科大学で出会った経営者と同じく原理原則を学び、そして自らがそれを活用する"力"を養うことが問われる時代となったと言えるのではないか。

実際に弊社では数年前から、ウェアハウジングを含むサプライチェーン・ロジスティクスの原理原則を「RightChain®アカデミー」という企業向け教育研修プログラムとして多くの企業に提供してきている。受講企業のパフォーマンス向上が図られることは言うまでもないが、最大の成果は、原理原則に基づいて自らが考え、自信をもって改善活動に取り組む企業全体の姿勢の変化である。これは正に原理原則中心の教育の賜物であると言えよう。また、弊社ではRightHouse™の原理原則、プラクティス、システムを用いたソリューションを展開しており、多くのウェアハウジング構築、改善で成果を上げている。本書に共感を覚えて頂いた方には是非声を掛けて頂きたい。

最後になるが、本書は米国での原書出版から実に7か月と言う短期間で日本語版の出版にこぎつけた。この間、出版プロジェクトを立ち上げ、日本の読者にも理解しやすい様に夜遅くまで議論を重ね、地道な翻訳活動を行ってきた。その成果として本書が出版できたのは、関係者全員の大きな喜びである。また本書を出版できたのは、著者であるフレーゼル博士は勿論のこと、長年のビジネスパートナーである㈱FMU/LRIジャパンの中野雅司氏、鈴木貴子氏、ダイヤモンド・リテイルメディア社の多大なる協力を頂いたからこそである。また、明治大学の小川先生には多くのご支援と助言を頂いた。今回の出版にかかわった皆様に敬意を表すとともに、この書籍が多くの読者諸氏の成功に貢献できることを期待している。

用語解説

アウトバウンド輸配送
特定の拠点を中心とした際に、製品/商品を出荷し、目的地に到着するまでの輸配送を指す。

安全在庫
予測誤差率、あるべき充足率、インバウンド輸配送の信頼性の関数として表わされる。現実的には、補充が到着した時点におけるオンハンド在庫量としても定義できる。

インバウンド輸配送
特定の拠点を中心とした際に、製品/商品を発注し、その拠点に入荷されるまでの輸配送を指す。

ウェアハウジング
ウェアハウジングとは一般的には、ウェアハウスの中で行う活動およびその管理という意味で使われる。RightChain®においてウェアハウジングは、さらに踏み込んでロジスティクス戦略の中で、ウェアハウスの付加価値創造のための総合的戦略を意味する。

ウェアハウス
一般的には、倉庫(保管・貯蔵施設)という日本語がウェアハウスに対応するが、アメリカでは多くの業界において、ディストリビューションセンター、ロジスティクスセンターなど進化した形態の物流拠点も含めて、ウェアハウスと呼んでいる。ここでは言葉のニュアンスとして、昔ながらの倉庫のイメージはない。

カスタマイゼーション
顧客毎の固有の要求に対応して、付加価値サービスを提供すること。カスタムラベル、特殊包装、モノグラム、キッティング、色づけ、値付けなどが付加価値サービスに含まれる。

キッティング
パソコンなどのIT機器や一部製品の組み立て作業をキッティングと呼ぶ。ソフトウェアのインストールや設定等のセットアップ作業も含まれる。また、アメリカのロジスティクス業界では、常に一緒にオーダーされるアイテムを

前もって組み合わせて用意しておく物流加工のひとつを指す。

クイックレスポンス
1970年代から80年代にかけて、アメリカのテキスタイル業界においてサプライヤーと小売業の間で始まったJITに類似した取り組みであり、発注レスポンスタイムを短縮化することにより、出荷精度、需要予測精度等を改善し、よって売れ筋商品の欠品を減らすことを目指した戦略である。このアプローチは、その後のウォルマートの発展に貢献したと考えられている。

クロスファンクション
単一の反復作業だけでなく、1人が複数の業務を行う資格を与え、教育し、モチベーションを与えること。多能工化と同意。

グローバルソーシング
企業がものやサービスの調達先として、自国のサプライヤーだけでなく、広く全世界の企業を調達先の対象とすることを言う。別名、世界最適調達とも言われる。90年代以降アメリカ企業を中心に広がった考え方であるが、その背景には、情報通信技術の発達、中国を中心とするアジア経済圏の発展があると考えられている。

コンソリデーション
効率的な輸配送のために、同一方面/場所への多数の小口荷物を混載・集約することを指す。

サイクルタイム
連続した一連の作業プロセスが繰り返し行われる場合において、その1つの工程に要する1回の周期時間を指す。

在庫維持コスト
在庫を維持するための年間コストであり、通常オポチュニティコスト、保管費用、ハンドリングコスト、保険費用、税金、陳腐化コスト、ロス費用、ダメージ費用が含まれる。

在庫維持レート
在庫維持に要するコストを在庫金額に対する割合として表したものであり、在庫維持コストを平均在庫金額で割ることにより求める。

サーバント・リーダーシップ
NPO法人日本サーバント・リーダーシップ協会によると、支配型リーダーシップの反対が、サーバント・リーダーシップであると定義している。1970年にロバート・グリーンリーフが提唱した「まず相手に奉仕し、その後相手を導く」という考え方を基本に据えた、リーダーシップ哲学である。部下と

の関係がうまく行かないとか、職場の雰囲気が悪いといった悩みに、まずリーダーが周囲に奉仕することで信頼を得て、周囲から主体的な協力関係を構築することを目指すものである。

サプライチェーン

RightChain®におけるサプライチェーンは、消費者とサプライヤーの間の工場、ウェアハウス、港湾、情報システム、ハイウェイ、鉄道、ターミナル、輸配送モード等のインフラのことを指す。

シークエンシング

活動の順番を決定することを、シークエンシングと言い、RightChain®ではピッキング戦略を構成する重要な意思決定要素のひとつとなっている。どのロケーションから順番にピッキングして行くかの決定が、生産性やサイクルタイムに大きく影響を与える。

シックスシグマ

元々、1986年にモトローラにより開発された品質管理・経営戦略であるが、現在では多くの業界に取り入れられており、製品・サービスの欠陥やエラーを排除することにより、企業の提供する製品・サービスの品質改善を目指すものである。シックスシグマプロセスは、不良品の発生率を、100万個中3、4回に抑えることを目指したことから6シグマと呼ばれている。モトローラは、日本のQCサークルにヒントを得て開発したと言われている。

シングルオーダーピッキング

ピッカーが一度に1オーダーのピッキングを完了するピッキング手法。シングルオーダーピッキングの最大の利点は、オーダーの完全性が維持されること。最大の欠点は、ピッカーが1つのオーダーをピッキングするために、歩行距離が長くなる可能性があることである。

スループット

一般的には、IT業界におけるコンピュータの1時間当たりの処理能力を指す。ロジスティクス業界では、単に生産性を意味することが多いようだが、アメリカではスループットというと、拠点全体の生産性を指すことが多い。つまり、ある拠点の年間総労働時間で、年間総出荷個数を割ると、その拠点全体の1時間当たりの出荷個数が出てくるが、これを競争の基本的指標としているのである。

スロッティング

元々、ウェアハウスの中に商品を保管するためのスペースを作るという意味を持っていたが、RightChain®においては、アイテム毎の適切な保管モー

ドの決定、その保管モード内の適正なスペースの決定、更に適正なロケーションの決定をすることを意味する。

倉庫内倉庫
ウェアハウス内に仮想倉庫として、顧客や事業部などの小規模な専用スペースを設けることで、高い生産性および顧客サービスを実現するゾーニング手法を指す。

ゾーンピッキング
ピッキングエリアをいくつかのゾーンに分割し、ゾーン別にピッキングを行うピッキング方法を指す。高いピッキング生産性が期待される一方、オーダーを分割してピッキングするため、下流においてオーダーごとの仕分けやオーダー集約が必要となる。

陳腐化リスク
著しくその品質や機能などが異なる新製品や代替品等の市場投入による在庫価値の減衰リスク。また、競合のコストダウンによる市場価格の低下も含まれ、低価格販売せざるを得ない状況に陥るリスクであり、それをコストとして捉えたものを陳腐化コストと呼ぶ。

トータルピッキング
複数のオーダーをまとめてアイテム単位にその総量をピッキングし、後工程においてオーダー別に種まき（仕分け）するピッキング手法を指す。

バックホーリング
出発地から目的地まで貨物を運んだ輸送便が、空車で出発地へ戻るのではなく、目的地近隣あるいはその途中で別の貨物を積み込み、実車で出発地へ帰ってくることを指す。帰り便や戻り便とも呼ばれる。

バッチピッキング
PTSピッキングシステムの中で、シングルオーダーピッキングの欠点である、生産性の低さをカバーするために、複数のオーダーを同時にピッキングするための手法で、通常下流仕分けを回避するために、ピッキングしながらオーダー毎に仕分けしていく。

パレタイズ
製品/商品などをパレットに積み付けることを指す。また、これとは逆にパレットから降ろす作業をデパレタイズと呼ぶ。

パレットスタッキング
パレットの上にパレットを積み上げる（スタッキング）方法を指す。

ピッキングツアー

1つのまたは複数のピッキングオーダーをひとつのピッキング周回作業とした作業単位。例えば、複数のオーダーをまとめてひとつのピッキングツアーを形成し、効率的なロケーション順にピッキングすることで、高いピッキング生産性を達成することが可能となる。

フィルレート

顧客の需要をオンハンド（手持ち）在庫で充足できる割合のことで、日本語では充足率という。顧客サービスポリシーの中で、レスポンスタイムと並んで最も重要な項目である。

フルフィルメント

通販/ECにおいて受注から商品引き渡しまでに必要な一連の業務の総称。受注管理、在庫管理、ピッキング、加工、梱包、配送、決済、返品、問い合わせ対応などが含まれる。

ベンダーマネージド・インベントリー（VMI）

委託在庫のタイプの1つで、納入業者（サプライヤーやメーカーなど）が顧客のウェアハウスの中にある自社製品の在庫管理を行う。あらかじめ顧客と決めた在庫レベルの範囲で、顧客からの需要情報に基づき、欠品が出ないように倉庫へ補充することを指す。

ベンチマーキング

基準値（しきい値）のことをベンチマークというが、ベンチマーキングとは、自社の情報を客観化するために、複数のパートナー企業と特定の指標に関して情報を共有化することを言う。ベンチマーキングには、内部的（複数拠点の比較）、外部的（業界の平均値等）、競争的（同業他社の情報）なものがある。

保管モード

アイテムを保管するための手段を指す。固定棚やフローラック、移動ラックがこれに当たる。

マイクロマーケティング

マスマーケティングに対する言葉と考えられ、対象となる顧客のセグメントを細分化していき、それぞれのセグメントに対して、異なるマーケティング戦略を展開するものである。この考え方を突き詰めると、ワンツーワンマーケティング、つまり顧客1人1人に違ったアプローチを目指すことになる。IT技術の発展が、こうしたアプローチを可能にしている。

用語解説

メガブランド戦略
日本ブランド戦略研究所（現在は「トライバック・ブランド戦略研究所」）によると、メガブランド戦略とは、多くのブランドに経営資源を分散させることを避けて特定のブランドに集中投資し、メガブランドを生み出すことを目的とする戦略をいう。複数のカテゴリーにまたがるような巨大ブランドを作り出すことで、消費者に対し大きなインパクトを与えることができ、同時に企業としては広告宣伝費のようなマーケティング投資を集中化することが可能となる。

メザニンフロア
中二階を意味し、空間効率を上げるために用いられる仮設（半固定）のフロアや棚を指す。

輸配送モード
物流ネットワークにおけるノード（物流拠点）とリンク（輸送経路）において、リンク上を走る輸送機関、輸送手段を輸配送モードと呼ぶ。トラック、船舶、航空機などがこれに当たる。

ユニットロード
単一もしくは複数の製品／商品を、器具等により、荷役や輸送がし易い単位に1つのかたまりとしてまとめたもの。代表的なものにコンテナやパレット、折りたたみコンテナ、フレキシブルコンテナ等がある。

ランデッドコスト
製品／商品を調達する際に要する総コストを意味する。製造／仕入原価のみならず、在庫維持コスト、貿易に関わる輸出入コスト、輸配送コストおよびウェアハウジングコストが含まれる。グローバル規模の調達が普及している中で、ロジスティクスコストの原価に占める割合が大きくなっており、従来のように商品原価のみの比較での調達先の決定をすることが難しくなってきている。

リザーブ在庫
ピック・ロケーションに補充するために使用される保管ロケーションに格納されている在庫を指す。この在庫から直接ピッキングするためのものではなく、予約在庫としての意味を持つ。

リレー式ピッキング
ピッキングされたアイテムが入ったコンテナ（あるいはパレットなど）をゾーンから次のゾーンへと、同じ1つのオーダーが完了するまでリレー式に引き渡すピッキング手法を指す。ピッカーは自分のゾーンにのみ集中することで、

生産性・精度の向上を期待することができる。

リーン

リーン（Lean）とは一般的には、"ぜい肉を落とした"無駄のない経営を意味するが、ロジスティクス業界では、サプライチェーンから極力在庫を排除することで、急激に変化する市場環境により素早く対応しようとする考え方を意味する。

レスポンスタイム

要求に対する応答時間を指し、ロジスティクスにおいては通常、リードタイムおよびサイクルタイムがこれに含まれる。

ロジスティクス

RightChain®においては、消費者とサプライヤーの間のもの、情報、お金の流れをいう。

ロットサイズ在庫（サイクル在庫）

一回当たりの平均発注量または平均補充量を指す。

ABCサイクルカウント（循環棚卸）

作業を止めることなく、特定の棚や特定の製品/商品を一定の期間ごとに順次棚卸していく方法を、循環棚卸またはサイクルカウントと呼ぶ。この時、ABC分析に基づき、重点管理品を見極めて棚卸期間を決定することを特にABCサイクルカウント（循環棚卸）と呼ぶ。

ASN

Advanced Shipping Noticeの略で、日本語では事前出荷通知と呼ぶ。製品/商品の納品前にベンダー側から予め貨物の出荷明細情報をシステムを介して出荷先へ送付することを指す。事前に入荷情報を伝えることで、入荷作業効率の改善が可能になる。

ECR

SCMの前身とも言うべきものであり、90年代初めに、アメリカの食品業界で始まった、サプライチェーン・ロジスティクス関連施策である。80年代にスーパーマーケット業界が投機的な在庫戦略により在庫が膨れ上がった時に、当時台頭してきたウォルマートがQR的な発想で、多くのスーパーマーケット企業を駆逐して行った背景から登場した考え方である。

JIT

必要なモノを、必要な時に必要な量だけ配送する物流システム。トヨタのかんばん方式に代表されるJIT生産方式を応用したものを意味する。80年代以

降アメリカでは、QR、ECR、SCMといった多様な在庫削減のための業界施策が生まれているが、その起源はJITにあると言える。

MTO

Make To Orderの略で、製造業において顧客からの注文を受けてから生産活動を開始することを指す。個別受注生産とも呼ばれる。

ROI

Return On Investmentの略で投資利益率と呼ばれる。投下した資本に対して得られる利益の割合。投資収益率や投下資本利益率と呼ばれることもある。

SCM

SCMは、サプライチェーンマネージメントのことを意味し、80年代以降アメリカで盛んになった企業経営から、極力在庫を排除し、それを情報システムと輸配送で肩代わりして行こうという、サプライチェーン・ロジスティクス関連施策の1つ。他にQR、ECR、CPFRなど目指すものは同じでも、名称の違うものが存在する。

3PL

3PLは、サードパーティロジスティクスのことを意味し、一般的には企業が自社のコアコンピタンスではないと考える物流機能を外注化することで、自社の資源をより強いビジネス領域に集中できるという考え方から生まれたものである。物流機能を外注化する企業を荷主、受注する企業を3PL企業という。

著者紹介

Edward H. Frazelle, Ph.D.

ロジスティクス・リソーシズ・インターナショナル（LRI）
社長兼CEO
ライトチェーン研究所（RightChain® Institute）
エグゼクティブ・ディレクター

　フレーゼル博士は、ロジスティクス・リソーシズ・インターナショナル（LRI）の社長兼CEOであり、ジョージア工科大学のロジスティクス研究所（TLI）の創立者である。LRIは、アトランタ、東京、コスタリカのサンホセにオフィスを持つ、サプライチェーン・コンサルティング会社である。教育者として、フレーゼル博士は今までに5万人以上のロジスティクスのプロに、世界のトップクラスのサプライチェーンの原理原則を教えてきた。またコンサルタントとして、北アメリカ、南アメリカ、ヨーロッパ、アジア、アフリカにある100以上の企業および政府機関に対して、サプライチェーン構築の支援を行ってきた。大学教授として、コーネル大学、ノースウェスタン大学、早稲田大学、明治大学、シンガポール国立大学等で講演を行っている。著書としては、右ページのようなものがあり、日本語、中国語、韓国語、ロシア語、スペイン語、ポルトガル語の6か国語に翻訳され、世界中で読まれている。

　フレーゼル博士はまた、サプライチェーンのモデルであるRightChain®の開発者であり、このモデルはホンダ、ディズニー、コカ・コーラボトリングコンソリデーテッド、BP、ホールマーク、ニュートリシステム、ユナイテッドテクノロジーズを含む、多くの世界有数の企業により彼らのサプライチェーンの指針として導入されている。

RightChain®プロジェクトは、今日までにクライアント企業において、20億ドル以上のEBITの改善に貢献してきた。

フレーゼル博士はその功績により、サプライチェーン・マネージメント評議会（CSCM）の博士号リサーチ奨学金、WERCのバー・ハープ奨学金、マテリアルハンドリング研究所のMHEF奨学金、インダストリアルエンジニア研究所のアームストロング賞、コダックの奨学金、そしてゼネラルモーターズの奨学金等、多くの表彰を受けている。フレーゼル博士は最近、ジョージア工科大学の優れたプロフェッショナル教育者として表彰されている。彼は、国際マテリアルハンドリング・ソサエティの前会長であり、WERCの役員メンバーの1人であった。フレーゼル博士は、ジョージア工科大学から博士号を受け、ノースカロライナ州立大学で修士号、学士号を得ている。

フレーゼル博士の主要な著書
- Supply Chain Strategy（邦題『サプライチェーン・ロジスティクス』）
- Inventory Strategy（邦題『在庫削減はもうやめなさい！』）
- World-Class Warehousing and Material Handling
- Material Handling Systems and Terminology
- Facilities Planning

フレーゼル博士のブログおよびホームページ
- RightChain.com
- InventoryStrategy.com
- WorldClassWarehousing.blogspot.com
- WorldClassTransportation.blogspot.com

RightChain®について

　過去20年以上にわたるサプライチェーン戦略のコンサルティング、経営者教育、リサーチを行ってきた経験に基づいて開発されたRightChain®プログラムはサプライチェーン戦略開発における主要な意思決定をするために要求される定義、手法、ツール、教育カリキュラム、指標、プロセス、統合化メカニズムから構成されている。

　RightChain®は、大手から中小までの企業のサプライチェーン構築の指針として、世界中の主要な業界において、売上拡大、経費削減、そして資本活用の改善を通じて、合計20億ドル以上の改善に貢献してきたのである。

　RightChain®は、通常売上の1%から5%に相当する額の利益の改善に貢献する。今までにRightChain®は、世界中の7つの言語圏において、1万人以上のサプライチェーンのプロの間で導入・活用されてきている。

RightHouse™について

　RightChain®におけるサプライチェーン・ロジスティクスのモデルは、顧客サービス、在庫、サプライ、輸配送、ウェアハウジングの5つにより構成される。また、サプライチェーン戦略は、この順にそれぞれを最適化すること、すなわち、顧客サービス最適化（RightServe™）、在庫最適化（RightStock™）、サプライ最適化（RightBuys™）、輸配送最適化（RightTrips™）、そしてウェアハウス最適化（RightHouse™）の5つにより構築される。

　RightHouse™とは、サプライチェーン戦略を構築するための1つの柱であり、ウェアハウジング戦略を構築するための枠組み・手法を提供するものである。RightHouse™はまた、サプライチェーン戦略構築において、最後に決定すべきプロセスであるが、その理由は、顧客サービス、在庫、サプライ、輸配送最適化により、ウェアハウジング要件が縮小あるいは排除される可能性があるためである。RightHouse™は、過去30年以上にわたる世界トップクラスのプラクティスを高度に体系化した理論である。

　本書では、今日の多様化する顧客サービス要件を実現するためのウェアハウジング戦略の原理原則を世界トップクラスの事例を交えながら紹介している。

[監修者紹介]
三菱化学エンジニアリング株式会社　LogOS®チーム

LogOS®チームは、フレーゼル博士が提唱するRightChain®モデルをベースに、サプライチェーン・ロジスティクス研修から、ロジスティクス戦略の構築、在庫戦略の構築、ロジスティクスKPIの導入など多岐にわたる企業向けコンサルティング活動を展開している。また、RightChain®理論に基づいて構築したサプライチェーン・ロジスティクス戦略と、過去30年以上にわたる物流センター構築やシステム導入のノウハウを融合させ、人材育成からエンジニアリングまで戦略的・客観的な視点で一貫したソリューションを提供し、大きな成果を上げている。

河上 均　生産・ロジスティクス事業部 ロジスティクス担当部長

1958年千葉県生まれ。製造から小売まで数多くのエンジニアリング実務経験をベースに、業界横断的な視点で顧客サービスポリシーの設定からウェアハウジング設計に至るサプライチェーン・ロジスティクス全領域でコンサルティングを展開。ロジスティクス部門責任者。

松川公司　生産・ロジスティクス事業部 次長

1967年福岡県生まれ。1993年三菱化学株式会社に入社。三菱化学エンジニアリングへ異動後、製造業界、流通業界、小売業界を中心に、可視化、シミュレーション戦略構築支援経験を持つ。サプライチェーン戦略に関する寄稿・講演多数。明治大学リバティアカデミー講師。

竹内 睦　生産・ロジスティクス事業部 コンサルタント

1978年青森県生まれ。製造、卸、小売業における工場・物流センターのオペレーション改善、またロジスティクス・ネットワーク構築コンサルティングをはじめ、現在は在庫戦略構築やロジスティクス戦略構築、SCM構築コンサルティング、またサプライチェーン・ロジスティクスの企業向け教育を展開。明治大学リバティアカデミー講師。

長谷川顕之　生産・ロジスティクス事業部 コンサルタント

1975年新潟県生まれ。製造業、流通業、小売業における工場・物流センターの構築および生産管理システムやWMS構築の豊富な経験から、現在は庫内改善から物流ネットワークの再編、ロジスティクス戦略構築、SCM構築に至るまで幅広いコンサルティングを展開。

鈴木貴子　FMU/LRI ジャパン マネージャー

流通業界に精通し、海外視察のコーディネート、トレーニング、研修のファシリテーション、業界誌への海外動向情報提供などを行っている。また、CRM、オムニチャネルなどの最新テクノロジーの活用およびロジスティクス関連の"コンサルケーション"で活躍している。明治大学リバティアカデミー講師。

[監訳者紹介]

小川智由 明治大学商学部教授

明治大学商学部卒業、明治大学大学院商学研究科博士後期課程単位修得。文京女子短期大学経営学科専任講師、文京学院大学経営学部教授を経て2004年より現職。専門分野は、物流・ロジスティクス、マーケティング戦略、小売業経営。1986年に米国のペンシルベニア州立大学経営学部、ミシガン州立大学経営学部にてビジネス・ロジスティクス客員研究員。ロジスティクス・マネージメントならびに、製造業・流通業・サービス業のマーケティング戦略に関する研究を専門とする一方で、企業の経営戦略立案や地域活性化プロジェクトでの実績や経験も有する。

[翻訳者紹介]

中野雅司 FMU/LRI ジャパン代表取締役

東京商船大学卒業。1993年コカ・コーラおよびIGAが設立した教育機関FMUの立ち上げに参画。日本の食品、消費財業界に対し、米国食品流通およびロジスティクス業界に持つ幅広いネットワーク、ノウハウをベースにコンサルティングや教育・トレーニングプログラムを提供している。代表的な翻訳書として『個客識別マーケティング』、『個客ロイヤルティー・マーケティング』、『ウォルマートに呑みこまれる世界』、『在庫削減はもうやめなさい！』（以上いずれもダイヤモンド社刊）、『サプライチェーン・ロジスティクス』（白桃書房刊）等がある。明治大学リバティアカデミー講師。

物流担当者のための
世界水準のウェアハウジング理論とマテハンのすべて

2016年10月6日　第1刷発行

著　者——エドワード・H・フレーゼル
監訳者——小川智由
翻訳者——中野雅司
監修者——三菱化学エンジニアリング株式会社　LogOS®チーム
発　売——ダイヤモンド社
　　　　〒150-8409　東京都渋谷区神宮前6-12-17
　　　　http://www.diamond.co.jp/
　　　　販売　TEL03・5778・7240
発行所——ダイヤモンド・リテイルメディア
　　　　〒101-0051　東京都千代田区神田神保町1-6-1
　　　　http://www.diamond-rm.net/
　　　　編集　TEL03・5259・5921

装丁———荒井雅美　　本文———石澤デザイン
印刷・製本—ダイヤモンド・グラフィック社
編集担当—石川純一　編集協力———古井一匡

©2016 Masaji Nakano
ISBN 978-4-478-09047-3
落丁・乱丁本はお手数ですが小社営業局宛にお送りください。送料小社負担にてお取替えいたします。但し、古書店で購入されたものについてはお取替えできません。
無断転載・複製を禁ず
Printed in Japan